RUND UM DIE FAMILIE

Herderbücherei
Band 870

Über das Buch

Bewegung, Spiel und Sport sind nicht nur gesund, sie halten auch die Familie zusammen, wenn sie gemeinsam betrieben werden. Dazu bietet das vorliegende Taschenbuch viele praktische Anregungen. In einem großen Kapitel zeigen die Autoren, wie man die Übungen den verschiedenen Lebensaltern anpassen kann. Es wird an alle gedacht, vom Kleinkind bis zu den Großeltern. Dafür werden die wichtigsten Familiensportarten in Beispielen vorgestellt, vom Fußball bis zum Trimm-Trab. Auch für das Wochenende und für die Ferientage findet der Leser Vorschläge, die Spaß machen. Die Autoren haben mit ihren Familien viele Spiele selbst ausprobiert. Sie schreiben aus Erfahrung.

Über die Autoren

Heinz-Egon Rösch (geb. 1931) war zehn Jahre Lehrer, habilitierte sich in Pädagogik/Sportpädagogik an der Universität Mainz. Er ist jetzt Professor und Direktor des Instituts für Sportwissenschaft der Universität Düsseldorf. Drei Kinder.

Theo Lautwein (geb. 1935). 1. und 2. Prüfung für Grund- und Hauptschulen. Diplom-Sportlehrer (Deutsche Sporthochschule Köln). Seit 1971 Professor für Sportdidaktik an der Erziehungswissenschaftlichen Hochschule Rheinland-Pfalz, Abteilung Koblenz, Lehrbeauftragter für Behindertensport an der Fachhochschule Koblenz sowie im Ausbildungslehrgang für Sportlehrer in Verwaltung und Freizeit an der Universität Trier.

Heinz-Egon Rösch
Theo Lautwein

Sport in der Familie

Bewegung und Spiele für jedes Lebensalter

Herderbücherei

Originalausgabe
erstmals veröffentlicht als Herder-Taschenbuch

Buchumschlag: Willy Kretzer
Zeichnungen: Barbara Wieck-Kapferer

Heinz-Egon Rösch, Kapitel 1, 2, 3, 4, u. 5.4
Theo Lautwein, Kapitel 5

Herder Freiburg · Basel · Wien
Herstellung: Freiburger Graphische Betriebe 1981
ISBN 3-451-07870-8

Inhalt

Vorwort

Die Erziehung in der Familie ist nach wie vor bestimmend für die Personalisation, Sozialisation und Bildung der heranwachsenden Generation, wenngleich auch zahlreiche andere Faktoren und Einflüsse (Mitmenschen, Kindergarten, Schule, Gruppen, Medien, Konsum usw.) diesen Prozeß heute mehr denn je nachhaltig beeinflussen. Je älter die Kinder und Jugendlichen werden, um so deutlicher machen sich die äußeren Einflüsse im guten wie im schlechten Sinne bemerkbar. Die Familie verliert an Einfluß in der Erziehung, befindet sie sich doch – gemessen an den Erwartungen bezüglich ihrer Rolle, ihrer Normen und Pflichten – gegenwärtig offensichtlich in der Krise. Diese Krise beruht auf äußeren und inneren Bedingungen, die eng mit gesamtgesellschaftlichen Verhältnissen verbunden sind.

Bewegung, Spiel und Sport bieten in dieser Krise der Familie eine echte Alternative.

Viele Menschen wissen um Glück und Geborgenheit in der Familie, die sie leben und erleben, deren Unterstützungsfunktionen sie in allen Lebenslagen erfahren können. Sie kennen und spüren aber auch die Spannungen und Konflikte, die in der Familie entstehen. Spiel und Sport, Familiensport, vermögen jedoch zum Wohlbefinden der Familie wesentlich beizutragen. Aktive spielerisch-sportliche Betätigungen sind dem einzelnen wie der gesamten Familie dienlich, und sie tragen oft mehr bei zur Konsolidierung der Familie als das noch so kluge Gerede um die Familie in Politik, Kirche und Verbänden.

Die Aufgaben der Familie in einer Leistungs- und Freizeitgesellschaft liegen heute stärker auf den emotionalen und sozialen Gebieten einer dynamischen Erziehung. Neben der nach wie vor gültigen ganzmenschlichen gesundheitlichen, geschlechtlichen und religiösen Erziehung sind es die *Bewegungserziehung*, die *Spielerziehung*, die *Sporterziehung*, die *Freizeiterziehung* und die *Umwelterziehung*, die in der modernen Familie Berücksichtigung erfahren sollen. Dazu möge auch dieses Buch vielerlei Anregungen geben.

Heinz-Egon Rösch und Theo Lautwein

1. Bewegung, Spiel und Sport in der Familie

1.1 Familie – schon immer in Bewegung

Von Natur aus ist die Familie eine Lebensgemeinschaft. Die Zugehörigkeit zur Familie ist grundgelegt in der Ehe von Mann und Frau. Die Kinder, die daraus hervorgehen, bilden mit Mutter und Vater die Familie oder, besser gesagt, die Kleinfamilie. Leben Großvater und Großmutter, aber auch andere Verwandte mit der Kleinfamilie zusammen, so spricht man von einer Großfamilie. Diese Familienform war typisch für die frühere Agrar- und Handwerkergesellschaft. Heute, in der industriellen Gesellschaft, ist sie selten geworden. Man trifft sie aber noch bei Völkern Afrikas und Asiens an, wo sie als Sippe oder Klan existiert. Bei bestimmten Anlässen, wie Festen, Feiern, Geburtstagen, Initiationsfeiern, Beerdigungen usw., findet sich die Großfamilie für einige Stunden oder ein paar Tage zusammen.

Oft boten diese Feiern neben gemeinsamem Essen und Trinken auch gleichzeitig Gelegenheit für frohe Unterhaltungen, munteren Zeitvertreib und allerlei Spiele: Kartenspiele, Gesellschaftsspiele, Tänze, Stegreifspiele in der Wohnung, Kugel-, Kegel- und Ballspiele, Volkstänze, Bewegungsspiele aller Art draußen im Hof, auf der Straße, auf dem Dorfplatz, auf dem Marktplatz, vor der Stadtmauer, auf der Wiese. Im Winter, wenn die Bäche und Seen zugefroren waren, tummelten sich beim Schlittschuhlaufen und Eisstockspiel zum „Eisvergnügen“ Jung und Alt, und wenn es schneite, rodelte man auf selbstgefertigten Schlitten die Berghänge hinab.

Abb. 1: *„Winterszene" – Peeter Snayers (1592–1667) Gemäldegalerie Kassel*

Bei Volksfesten, auf Jahrmärkten, zur Kirchweihe (Kirmes), zur Fastnachtszeit und an den vielen kirchlichen Feiertagen des Jahres gab es mancherlei Gelegenheiten zum lustigen Treiben mit viel Bewegung und Spiel, und schon frühzeitig waren „sportliche" Wettbewerbe, wie Laufen um die Wette, Laufen zu einem Ziel, Werfen, Zielwerfen, Armbrustschießen, Steinstoßen, Weit- und Hochspringen, sehr beliebt. Dazu gesellten sich Geschicklichkeitsübungen und -spiele wie Stelzenlaufen, Seilspringen, Reifentreiben, Bockspringen, und auch am Drachensteigen hatten die ganze Familie und viele andere Familien zusammen mit ihren Kindern großen Spaß. Viele Maler, vor allem die flämischen Maler Pieter Breughel d. Ältere (1520–1569), der „Bauernbreughel" und dessen Sohn Pieter Breughel (1564–1638), der „Höllenbreughel", haben solche Motive aufgegriffen und in herrlichen Gemälden dargestellt, wie die „Kinderspiele" (1560) (heute in Wien), die „Sprichwörter", die „Bauernhochzeit" zeigen. Der große Pädagoge Johann Amos Comenius (1592–1670) hat in seinem „orbis sensualium pictus" (1654) ebenfalls volkstümliche Szenen in Wort und Bild in lateinischer und deutscher Sprache dargestellt. Der berühmte Kupferstecher Daniel Chodowiecki (1726–1801) zeichnete in seinen Kupfern so manche zeitgenössische Szene mit vielen Bewegungsspielen. Man erkennt an ihnen auch den Einfluß der gesellschaftlichen Verhältnisse und Moderichtungen.

Der Philanthrop Johann Christoph Friedrich GutsMuths (1759–1839) hat im Jahre 1796 eine größere Sammlung „Spiele zur Erholung des Geistes und des Körpers" veröffentlicht, die gemeinsam mit seinem um 1800 jährlich erscheinenden „Spiel-Almanach" Kindern und Eltern viele Anregungen zum Spielen und besonders zum Spielen im Freien boten.

In den bürgerlichen Gesellschaften des 19. und beginnenden 20. Jahrhunderts sind zwar Väter und Mütter, Onkel, Tanten, Geschwister und Spielkameraden die Gefährten im Bewegungsspiel, es entwickeln sich aber gleichzeitig neue Formen sozialer Gesellung zur Pflege von Bewegung, Gymnastik, Turnen, Spiel und Sport: die Turnvereine und, später, die Sportvereine entstehen. Friedrich Ludwig Jahn (1778–1852), der „Turnvater", hat in seiner „Deutschen Turnkunst" (1816) unter anderen zahlreiche „Turnspiele" beschrieben. Gegen Ende des Jahrhunderts kamen dann mit der Sportbewegung die „Sportspiele" vorwiegend aus England auf. Waren diese Vereine zunächst nur für männliche Jugendliche und Männer (Schüler, Lehrlinge, Gesellen, Studenten usw.) offen, so erlebten diese Vereine mit dem Aufkommen der Frauen-, Turn- und Sportbewegung (vgl. Liselott Diem: Frau und Sport, Herderbücherei 827, Freiburg 1980) einen weiteren Auftrieb in

Abb. 2: *Kreiselspiel, Reifschlagen, Drachensteigen,*
Ball- und Federballspiel.
Nach D. Chodowiecki (1726–1801), Nürnberg, Germanisches Museum

ihren Aktivitäten. Schon vorher standen den Kindern die Vereine offen, so daß sich dann immer mehr Familienmitglieder im Turnverein oder im Sportverein zur gemeinsamen sportlichen Aktivität und zu den Spielen trafen. Ausgesprochene Familien-Turnvereine/Sportvereine gab es allerdings nicht. Ähnlich wie die Frauen im Sport, so mußten auch die Familien bis in die zwanziger Jahre dieses Jahrhunderts noch mancherlei Sperren und Tabus durchbrechen, bis sie akzeptiert wurden. So war zu dieser Zeit zum Beispiel das „Familienbad" in manchen klerikalen und konservativ-bürgerlichen Kreisen „suspekt". Vielseitige Turn- und Sportvereine haben heute im Sinne des freizeitsportlich orientierten „Breitensports" und „Familiensports" Abteilungen für „Mutter und Kind", „Vater und Sohn", für die „junge Familie" und für „Seniorensport", wobei auch mitunter die Behinderten integriert werden. In manchen Sportvereinen zahlt man an Stelle von Einzelbeiträgen ermäßigte „Familienbeiträge".

In der Familienerziehung gab es und gibt es immer wieder Anregungen zur spielerisch-sportlichen Betätigung. Welche Rolle dabei oft der Vater – aber auch die Mutter – spielen kann, hat der berühmte Philosoph Karl Jaspers (1883–1969) in seinen autobiographischen Schriften dargelegt. Er erzählt darinnen von seinem Vater, der ihm und anderen Kindern das Schlittschuhlaufen in seiner Heimat Oldenburg beigebracht hat. Er schreibt: „Das Schlittschuhlaufen war eine Hauptfreude im Winter. Mein Vater lehrte es uns. Er selbst lief auf den niedrigen Schlittschuhen mit langen Schnäbeln in einer von seiner Kindheit herreichenden Übung außerordentlich sicher in den großen Bogen unermüdet viele Kilometer weit. Wir konnten es ihm auf höheren Schlittschuhen ohne Schnäbel – auf denen das Laufen leichter zu erlernen war – nicht gleich tun, erlangten aber auch eine beträchtliche Fertigkeit im Bogenschneiden und langen Läufen. Damals kam es fast alle Jahre dazu, daß die Wiesen in der Hunteniederung jenseits Donnerschwee und Blankenburg meilenweit überschwemmt waren. Wenn dann einmal Frost ohne Schnee kam, so gab es eine vortreffliche Eisfläche. Es gehörte zu den schönsten Stunden, wenn wir auf dem weiten glatten Eise mit unserem Vater dahinflogen, oft weit getrennt und uns dann wiederfindend am Ziel, irgendeinem Wirtshaus, in dem ,Het und Söt' getrunken wurde (ein gewärmtes Bier mit Zucker). Im Gefühl des Schwebens bei beträchtlicher Geschwindigkeit, nur den Elementen des Eises, des Lichtes und der Luft, des Windes und des Himmels überliefert, vertrauend auf die eigene, naturgewordene Geschicklichkeit, erfuhr man einen unvergleichlichen Genuß der winterlichen Welt. Diese Freiheit von aller Enge in der Mühelosigkeit einer freien Aktivität prägte durch ihr Symbolischwerden dem Daseinsbewußtsein einen Grundzug ein, der unvergeßlich ist." (K. Jaspers: Schicksal und Wille, Autobiographische Schriften, München 1967, S. 96).

Ein solches Beispiel ist wohltuend für Vater und Sohn, für alle Beteiligten. Ganz im Gegensatz dazu stehen oft Motive von ehrgeizigen Eltern, die ihre Kinder, wenn sie einigermaßen sportlich talentiert sind, glauben zum Hochleistungstraining in einer Sportart zwingen zu müssen. Mitunter entwickelt sich das „Talent" auch gut und menschlich ausgeglichen. Jedoch gibt es viele destruktive Beispiele von jungen Sportlerinnen und Sportlern (so im Hochleistungs-Gerätturnen, -Tennis, -Schwimmen), bei denen gravierende Erziehungsfehler begangen werden, die sich dann in beträchtlichen gesundheitlichen Schäden und in der Verkümmerung einer gesamtmenschlichen Entwicklung zeigen. Eltern, Vereins- und Verbandsfunktionäre, Trainer handeln hier im höchsten Maße unverantwortlich an ihren Kindern.

Die meisten Eltern und Kinder haben heute doch ein gesundes und natürliches Empfinden und eine richtige Einstellung zur sportlichen Leistung und bevorzugen möglichst vielfältige Bewegungsreize und Spielangebote. Viele junge Familien mit Babys, Kleinkindern und Kindern tummeln sich im gemeinsamen Spiel und Sport, im Laufen, Joggen, Werfen; sie fahren mit anderen Familien zum Wintersport und spielen miteinander zahlreiche Ballspiele.

Sie legen durch eine lustbetonte Wassergewöhnung ihrer Babys und Kleinkinder die Grundlage für das Schwimmen, entwickeln die Geschicklichkeit ihrer Kinder zu den Fertigkeiten beim Fangen und Werfen durch die verschiedenen Kinder-Ball- und Sportspiele, entwickeln – oft unbewußt – die motorischen Grundeigenschaften, wie Schnelligkeit im Laufen, Sprung- und Wurfkraft beim Springen und Werfen, Ausdauer bei längeren Läufen, beim Schwimmen und beim Fahrradfahren.

Unterstützt werden die Familien durch die verschiedenen sportlichen Aktionen des Deutschen Sportbundes (DSB), wie Trimm-Aktionen, Lauf-, Gymnastik- und Spieltreffs, die Spielfeste und die Volkssportwettbewerbe, wie Volksläufe, Volksschwimmen, Volkswandern, Volksskiwandern, Volksradfahren für die verschiedenen Altersgruppen. Der DSB entwickelt jährlich neue Spiel- und Sportideen für seine Mitglieder und unabhängige Freizeitsportler und gibt reichhaltiges und gut gestaltetes Broschürenmaterial als Anregungen für Bewegung, Spiel und Sport

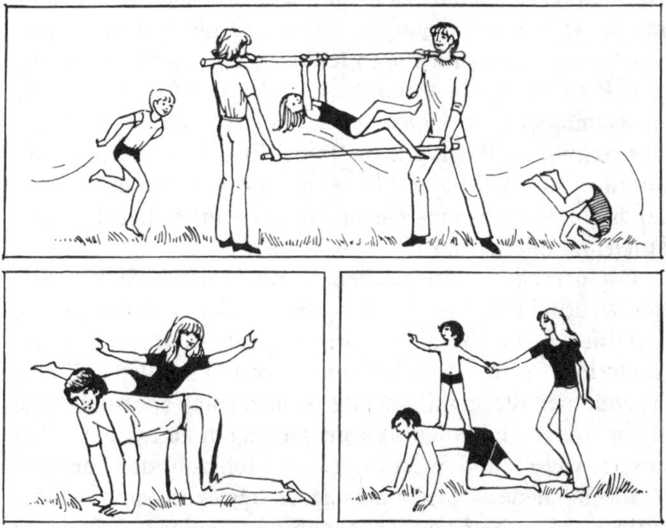

Abb. 3: *Familien treiben Sport*

auch für die Familien heraus (zu beziehen: DSB Deutscher Sportbund, Abteilung Breitensport, Otto-Fleck-Schneise 12, 6000 Frankfurt a.M. 71).

Bezeichnend für die gegenwärtige Situation des Sports in der Familie ist ein Text in der Broschüre des DSB 1980 „Spielen macht Freunde“ mit dem Thema: „Freund sein mit Kindern“: „Ältere Menschen und Kinder haben heute häufig leider nicht mehr so viel Kontakt miteinander wie früher einmal, als die Familien noch nicht wortlos und Tag für Tag vorm Fernseher hockten, als die Mutter noch nicht verdienen ging; als Oma und Opa noch mit im Hause lebten. So gehen viele Kinder ihre eigenen Wege. Sie finden es zu Hause oft langweilig; sie vermissen dort die Nestwärme. Sie finden kein Verhältnis mehr zu ihren Eltern, die ihre Ruhe haben wollen, nachdem sie – im Beruf, im Haushalt – von morgens bis abends Arbeit haben. Es wird Zeit, daß sich das wieder ändert, daß wieder Wärme in das Zusammenleben von großen und kleinen Leuten kommt. Am besten geht das am Anfang mit etwas Bewegung. Da bedarf es nicht gleich so vieler Worte. Und am meisten Spaß macht die Bewegung im Spiel. Deshalb: spielt mal wieder mit Euren Kindern, Ihr Eltern, Ihr Erzieher, Ihr Lehrer, mit Euren Enkeln, Ihr Großeltern – wo es auch immer sei zu Hause, im Urlaub, im Kindergarten, in der Schule, auf der Klassenfahrt, in der Konfirmandenstunde! Im Spiel kommt ihr einander wieder näher – vielleicht auch wieder ins Gespräch. Wer mit seinen Kindern spielt, nimmt sie ernst.“

Diese recht eindringlichen, motivierenden Sätze besagen deutlich, daß es um das Spiel und den Sport in den Familien nicht überall so rosig bestellt ist. Gewiß, es gibt zahlreiche Familien, Millionen von Familien, die in irgendeiner Weise miteinander spielen, sich sportlich betätigen. Ideal sind solche Voraussetzungen zu nennen, aber es gibt viele – und es ist die große Mehrzahl der Familien – die noch der Umsetzung dieser Bewegungsimpulse bedürfen. Manche Familien haben auch keinen Zugang zu Spiel und Sport, sie mögen weder Spiele noch Sport, lehnen sie ab. Familiensport ist schichtenspezifisch. So sind die Angehörigen der Mittelschichten sowohl als Sportvereinsmitglieder als auch bei den freien Sportaktivitäten am rührigsten. Unterschichten-, aber auch Oberschichtenangehörige verhalten sich dem freizeitbezogenen Familiensport gegenüber zumeist passiv. Die Ursachen dieser Fakten sollen hier nicht weiter untersucht werden. Sie sind sehr komplexer, zumeist auch sozial bedingter individueller Art.

Kommen wir abschließend in diesem einführenden Kapitel noch zu einigen prinzipiellen Aussagen zum Familiensport:

Was ist Familiensport? – Auf diese Frage gibt die bereits erwähnte Broschüre des DSB „ER–SIE–ES, Familien treiben Sport“ Auskunft:

„Die Befriedigung des Spiel- und Bewegungsbedürfnisses des Menschen im Sinne des Familiensports findet in kleinen Gruppen statt, umfaßt in der Regel sämtliche Mitglieder der Familie und findet in den Freizeitbereichen statt, die für alle Familienmitglieder zur Verfügung stehen, d. h. im wesentlichen am Wochenende und im Urlaub. Familiensport heißt sportliche Aktivität informeller Kleingruppen familienähnlicher Struktur oder der Familie selber. Familiensport ist koedukativ. Familiensport umfaßt verschiedene Altersstufen zu einer gemeinsamen Aktivität. Der Grundsatz im Familiensport sollte heißen: Alle Beteiligten sind gleichzeitig und gemeinsam in Betätigung. Familiensport kann heißen, die sportliche Aktivität einer einzelnen Familie, aber auch das sportliche Tun mehrerer Familien zusammen.“

Was will Familiensport? – Dazu der Würzburger Sportwissenschaftler Professor Dr. Peter Kapustin (in: Praxis der Leibesübungen 2/1979, S. 32):

„Bewegung – ein Recht der Kinder, eine Notwendigkeit für Erwachsene. Die Familie muß das entwicklungspsychologisch begründete Recht der Kinder auf Bewegung sicherstellen und sowohl für Bewegungsraum als auch für Bewegungsmöglichkeiten sorgen. Die erschreckende Zunahme von Bewegungsmangelkrankheiten bereits in jüngeren Jahren beweist die Bedeutung der Bewegung auch für die Eltern. Spiel und Sport bieten Eltern und Kindern Gelegenheit, sich gemeinsam zu bewegen.

Integration und Partizipation – Funktionen des Familienlebens. Familiensport bietet Eltern und Kindern die Möglichkeit, sich zu einer und in eine Gemeinschaft zu integrieren. Kinder, Jugendliche und Eltern sind gleichberechtigte Partner. Familiensport ist nur möglich durch Kommunikation und Kooperation. Die Amerikaner sagen: ‚The family that plays together stays together'. Gelernt wird im Familiensport, sich in die Gemeinschaft zu integrieren und auch bereit zu sein, den anderen in die Gemeinschaft zu integrieren, eigene Ideen und Wünsche zu äußern und die des anderen zu akzeptieren. Familiensport fördert gemeinsame Interessen und initiiert Interaktionsprozesse in der Familie.

Kreativität und Spielvermögen – Voraussetzungen und Ziele des Familiensports. Die Familie ist eine heterogene Gemeinschaft in bezug auf Alter, Geschlecht und Leistung. Der Familiensport erfordert ein hohes Maß an Kreativität aller Beteiligten zur Überwindung der Alters-, Geschlechts-, Leistungs- und gegebenenfalls Interessensdifferenzen sowie an Spielbereitschaft bzw. Spielvermögen. Andererseits bietet der Familiensport Gelegenheiten zur Kreativitätsentfaltung, zur Erhaltung kreativer Kräfte bis ins Erwachsenenalter und ist ein Mittel, Spiele zu lernen und zu erleben.

Spaß, Vergnügen, Zuneigung, Wetteifer, Erfolgs- und Leistungserlebnisse – Erfahrungen im Rahmen des Familiensports. Kinder und Erwachsene haben das legitime Bedürfnis nach Gelegenheiten positiver Erfahrungen im affektiven Bereich. Insbesondere der Sport in einer Gemeinschaft kann zur Befriedigung dieses Bedürfnisses beitragen und zu einem gemeinsamen Erlebnis werden. Der Familiensport ist mehr als eine pädagogische Pflichtübung der Erwachsenen gegenüber den Kindern. Auch die Eltern sollen Spaß an Spiel und Sport mit ihren Kindern haben.

Gegenseitige Anerkennung und Leitbildfunktion der Eltern und Kinder. Wollen Eltern ihre Kinder verstehen und als heranwachsende Persönlichkeiten kennenlernen, so sollten sie diese in den von ihnen bevorzugten Tätigkeitsbereichen in Bewegung, Spiel und Sport beobachten und erleben. Andererseits finden Kinder ein differenziertes Verhältnis zu ihren Eltern, wenn sie diese auch in Spiel und Sport beobachten und erleben. Kinder, die gewohnt sind, ihre Eltern in Sportkleidung aktiv zu sehen, werden Sport als eine selbstverständliche Lebensform schätzen lernen, da sie durch die Familie zum Sport hinerzogen werden. Umgekehrt können sportliche Kinder die Eltern zu neuer Aktivität motivieren.

Rekreation und Kompensation – auch Funktion des Familiensports. Der Familiensport ist – neben anderen For-

Abb. 4: *Vater als Turngerät, Spielen macht Freunde, Trimm-Trend 80: Da spielt sich was ab!*

men des Sports – ein geeignetes Mittel zur Erholung von den einseitigen Belastungen der Schule, des Berufs oder entsprechender Arbeiten und zur Kompensation von Defiziten, die der sonstige Alltag mit sich bringt.“

1.2 Grundsätze des Familiensports

Die Broschüre „ER–SIE–ES: Familien treiben Sport“ zählt eine Reihe von Grundsätzen auf, die für Bewegung, Spiel und Sport, für den Familiensport, von Bedeutung sind. Sie gliedern sich in die „Grundforderungen an alle Aktivitäten des Familiensports“, die „Forderungen an die Übungsinhalte im Familiensport“ und die „Organisatorischen Formen des Familiensports“. Auszugsweise werden hier aufgeführt:

Grundforderungen an alle Aktivitäten des Familiensports

– Die Auswahl der Aktivitäten in Bewegung, Spiel und Sport in der Familie werden bestimmt durch die Interessen der Teilnehmer. Jedes Mitglied der Familie hat seine eigenen Übungsvorstellungen und Wünsche. Hier gilt es, geschickt auszusuchen und den Familienangehörigen eine Auswahl anzubieten. Das Prinzip und die Idee des Familiensports strebt aber die gemeinsame Tätigkeit aller an. Doch darf diese Grundvorstellung nicht zum Zwang des Einzelnen führen.
– Es müssen die Unterschiede in Alter und Leistungsfähigkeit innerhalb der Spielgruppe berücksichtigt werden. Wenn Überlastung und Lustlosigkeit vermieden werden sollen, muß das Angebot an die Leistungsfähigkeit der Übenden angepaßt werden. Viele Teilnehmer sind wenig geschickt – also müssen geeignete Formen der Übungsorganisation gewählt werden. Manche haben Hemmungen, deswegen muß man sich besonders um sie kümmern.

– Die Belastungen sollen angemessen sein. Muskelkater verleidet manchem Teilnehmer das Weitermachen, und er kommt nicht wieder. Die Belastungen müssen dosiert und allmählich erhöht werden. Überforderungen erhöhen das Unfallrisiko. Die Teilnehmer sollen aufgefordert, aber nicht überfordert werden.

– Selbsttätigkeit und Spontaneität sind wichtige Prinzipien einer Übungsstunde. Die Mitglieder der Gruppe sollen mit der Zeit befähigt werden, selbsttätig (auch ohne Anleitung) sich sportlich zu betätigen.

– In den Familiensportstunden ist der Gesprächston freundlich und verbindlich. Weder Kommandoton noch kindliche Sprache sind hier am Platz. Normale und gewohnte Umgangsformen helfen etwaige Hemmungen überwinden. Sie ordnen den Sport als eine selbstverständliche Form, sich zu verhalten, neben alle anderen Verhaltensweisen der Familie ein.

– Möglichst viel Abwechslung und Vielfältigkeit kennzeichnen die Sportstunde in der Familie. Gleichmaß und Routine sind hier nicht gefragt. Möglichst viele Bewegungsspiele sollen neben Gymnastik und Fitneßtraining Verwendung finden. Beliebte Spiele und Übungen sollen häufiger in die Spiel- und Sportstunde einbezogen werden.

– Manche Eltern sehen in ihren Kindern größere Fähigkeiten, als tatsächlich vorhanden. So lassen sie sich leiten von einer eigenen großen sportlichen Vergangenheit oder von Wunschbildern. Jeder – Vater und Mutter – sollte ohne Beschönigung die tatsächlichen Eigenschaften sehen und diese optimal bilden und fördern. Damit dienen sie ihren Kindern mehr, als wenn ständig Überforderungen aufgrund einer falschen Leistungs- und Interessensvorstellung zu Zwangssituationen führen. Diese haben als Ergebnis Lustlosigkeit. Spiel und Sport sollten Freude machen. Wenn das nicht mehr der Fall ist, wirkt eine Pause oder die Hinwendung zu anderen Beschäftigungen und Interessen Wunder.

– Familiensport ist keine Demonstration nach außen. Er findet seine Erfüllung im eigenen Tun.

– Für alle Familienmitglieder in der Sportgruppe gilt gegenseitige Rücksichtnahme, Achtung und Akzeptierung. Das gilt auch und besonders für die Kinder. Jedes Familienmitglied hat bestimmte Gebiete, auf denen es wirklich etwas leisten kann. Hier gilt es, immer wieder jeden einzelnen zu befähigen, sein Können unter Beweis zu stellen.

Forderungen an die Übungsinhalte im Familiensport

– Die Bewegungs-, Spiel- und Sportaktivitäten müssen möglichst immer ein gemeinsames Tun aller Mitglieder der Familiengruppe zum Prinzip haben.
– Übungs- oder Spielmeister soll nicht immer der Vater sein, sondern derjenige der Familiengruppe, der den besten Vorschlag zu machen hat.
– Spiele für die Familie müssen in ihren Regeln einfach sein, da die Familie nicht ohne weiteres fähig ist, das komplizierte Regelwerk von Sportspielen mit ihren internationalen Vereinbarungen zu übernehmen. Wer erst ein umfangreiches Regelwerk lernen muß, um zu spielen, spielt nicht gern oder überhaupt nicht. Abgesehen davon wird mit steigender Zahl der Regeln die mögliche Fehlerzahl im Spiel größer. Teilnehmer, denen immer wieder durch Pfiff angezeigt wird, daß sie einen Fehler gemacht haben, verlieren die Freude am Spiel. Die Regeln sollten daher vereinfacht werden auf die Spielidee und den Vereinbarungen der jeweiligen Situation angepaßt werden.
– Manche Familienangehörige sind teilweise ungeschickt, weil sie beispielsweise schon lange keinen Sport mehr betrieben haben. Hier sollte das Regelwerk so gehalten sein, daß der Spielbetrieb annähernd unfallfrei ablaufen kann. Die zu verwendenden Spielgeräte sollten nach Möglichkeit Unfallgefahr ausschließen, z. B. keine harten Bälle, keine Hockeyschläger aus Holz.
– Eigeninitiative hat immer Vorrang. Es gehören dazu auch Ideen, um neue Spiele und Spielvarianten zu entdekken, zu finden. Kreativität gehört zu Spiel und Sport. Das bloße Vorhandensein von Spiel- und Sportgeräten besitzt

bereits Aufforderungscharakter. Mit einem Ball, der über die Wiese rollt, läßt sich vieles anfangen, ebenso mit Seilen, Tauen, leeren Dosen, Fahrradschläuchen, Zauberschnüren, Luftballonen.
– Alle Spiele und Bewegungsformen sollen leicht erlernbar sein. Die Teilnehmer gelangen dadurch schneller zu einem Spielergebnis oder zu Beherrschung einer Bewegungsform. Die leichte Erlernbarkeit führt zur lustvolleren Sportbetätigung. Umständliche und schwierige methodische Einleitungen zu den einzelnen Spielen und Sportarten stoßen die Spielenden und Sporttreibenden ab und führen meistens zu Lustlosigkeit und Langeweile. Das soll nun nicht bedeuten, daß man bestimmte Spiele nicht methodisch vorbereiten sollte, nur sollte jedes Teillernziel in der Bewegung, im Spiel eine möglichst echte Spiel- bzw. Übungsform sein, damit die unmittelbare Betätigungsmöglichkeit gewahrt bleibt.

Organisatorische Formen des Familiensports

Zwei Möglichkeiten sind im Hinblick auf die Gruppierungen im Familiensport zu unterscheiden: a) die Familie spielt allein für sich, b) die Familie spielt und übt und betätigt sich sportlich gemeinsam mit anderen Familien. Als Spiel- und Sportzeit stehen zur Verfügung: die tägliche Freizeit, das Wochenende, der Urlaub bzw. die Ferien. Folgende Empfehlungen gelten:
– Die körperliche Betätigung muß regelmäßig erfolgen. Es genügt nicht, einzelne Maßnahmen der gesunden Lebensweise, einzelne Formen der aktiven Erholung ab und zu, vielleicht nur im Urlaub oder einmal im Monat zu pflegen. Es ist unbedingt notwendig, das ganze Jahr über regelmäßig, vor allem an jedem Wochenende und wenigstens ein- bis zweimal während der Woche sich spielerisch-sportlich zu betätigen.
– Als Spiel- und Übungsstätten des Familiensports gilt der Wohnbereich, das Wohnumfeld, also der Garten, der Hof, die nahe gelegenen Spielanlagen, Sportplätze, Wald-

wege; Wald, Wiesen, Naherholungsgebiete. Schwimmbäder sind schon immer geeignete Tummelplätze für die Familien gewesen, wenn das Bad nicht überfüllt ist. In Turn- oder Sporthallen findet die Einzelfamilie keine Aufnahme. Hier lohnt sich der Zusammenschluß mehrerer Familien (Familiensportclub, auch aus versicherungsrechtlichen Gründen), um Einlaß zu finden.

– Neben der eigenen sportlichen Tätigkeit unter eigener Anleitung sollten von Zeit zu Zeit, wenn irgend möglich, auch fachkundige und ausgebildete Übungsleiter oder Sportlehrer zum Familiensport hinzugezogen werden. Sie sind in der Lage, manchen Rat zu erteilen oder Beispiele von Bewegung, Spiel und Sport zu demonstrieren. Dadurch steigert sich die Effektivität der sportlichen oder spielerischen Betätigung der Familienmitglieder.

– Familienspiel- und -sportfeste können und sollten ebenfalls von Zeit zu Zeit durchgeführt werden, beispielsweise im Sinne der Spielaktionen des Deutschen Sportbundes oder seiner Trimm-Aktionen. Veranstalter können die Familien selbst sein, aber auch die Gemeinde, die Schule, ein Turn- oder Sportverein, eine Pfarrgemeinde, verschiedene Bürgerinitiativen. Dabei gilt es, die Termine schon rechtzeitig festzulegen, eine übersichtliche Planung zu erstellen und die Durchführung organisatorisch abwechslungsreich und zügig zu gestalten. Ein Spiel- und Sportfest der Familien kann dann zu einer richtigen „Familiade" werden.

Abb. 5: *Pushballspiel beim Familiensportfest*

2. Entwicklungsstufen von Spiel und Sport in der Familie

Die Sportpädagogen Jutta Cords und Dieter Kruber haben in ihrem Familiensportprogramm folgende Begründungen für Bewegung, Spiel und Sport gegeben:

- „Mutter und/oder Vater sind in der Übungsstunde nur für ihr Kind da. Dieses unmittelbare Miteinander wird von Kindern und Erwachsenen gleichermaßen als beglückend empfunden.
- Der enge körperliche Kontakt, der bei vielen Übungen notwendig ist, vertieft das Gefühl gegenseitiger Zuwendung.
- Eltern und Kinder lernen, sich in ihren emotionalen und motorischen Verhaltensweisen besser kennen und verstehen.
- Eltern und Kinder sind Partner, die sich den gleichen Aufgaben gegenüber sehen und sie gemeinsam lösen.
- Eltern und Kinder sind vor allem solche Partner, die auch ihre Rollen tauschen können ...
- Eltern und Kinder lernen, ihre motorischen Handlungsmöglichkeiten in den Bereichen Kraft, Ausdauer, Beweglichkeit und Gewandtheit kennen und realistisch einzuschätzen.
- Sport wird – vor allem für die Kinder – zur vertrauten und fast selbstverständlichen Freizeitbeschäftigung."

Aus: J. Cords und D. Kruber, Übungskarten Familiensport, Einführungsheft, Bonn 1978, S. 6.

Diesen Begründungen wäre unter entwicklungspsychologischen und entwicklungsmotorischen Aspekten noch hinzuzufügen, daß auch im späteren Kindesalter und zu

Beginn der Jugendzeit eine weitere Konsolidierung des Verhältnisses von Eltern und Kindern durch Spiel und Sport stattfindet, bis die natürliche „Ablösungsphase" beginnt. Aus der Eltern-Kind-Beziehung im ersten Familiensport wird mehr und mehr eine Partnerschaft auf sportlicher Grundlage bei zunehmender Leistungsstärke und sozialer wie personaler Reife. Es treten dann weitere Begründungen hinzu, wie z.B. gemeinsame Freizeitgestaltung durch Bewegung, Spiel und Sport; gesundheitliche Beweggründe; Fitness; gemeinsames Erlebnis. Auch später, wenn durch Alter, Beruf, Verschiedenheit des Wohnorts, Ehe und Familiengründung usw. eine Trennung der Ursprungsfamilie stattfindet, so können der Sport, das Spiel, gemeinsame Wanderungen, Skiaufenthalte, Radtouren, gemeinsamer Urlaub und Urlaubssport die Familie wieder zusammenführen – vielleicht auch mit den Enkeln – und somit eine Verbindung schlagen, die über manche sonst auftretende Meinungsverschiedenheiten und „Familienideologien" (Familie als Lebensgemeinschaft, mehrere Familien als Wohngemeinschaft usw.) hinweghelfen.

Nun zu den einzelnen Entwicklungsstufen von Bewegung, Spiel und Sport in der Familie, die in kurzen Überblicken dargestellt werden.

2.1 Vorgeburtliche Bewegungserziehung

Wenn man es richtig nimmt, beginnen Bewegung und Erziehung bereits vor der Geburt eines Menschen. Die Mutter spürt das in ihrem Leibe heranwachsende Kind an seinen Bewegungen. Etwa ab dem 4./5. vorgeburtlichen Monat ist das Kind so weit ausgebildet, daß es sich im Uterus bewegen kann – nach rechts und nach links, es dreht sich nach vorn und wendet sich nach hinten, mitunter vollzieht es regelrechte „Purzelbäume". Es strampelt und es „läuft".

Es hängt immer viel ab von der Einstellung der Mutter zu ihrem Kinde, das heranreift. Manche Mütter verhalten sich passiv und meiden Bewegungen. Gynäkologen, Kinderärzte und Sportpädagogen weisen immer wieder darauf hin, daß sich die Mütter viel bewegen sollen in wohldosierter, harmonischer und nicht anstrengender Weise.

Als ausgezeichnete Bewegungsgestaltung in der vorgeburtlichen Phase eignen sich im Sinne eines „Mutter und Kind“-Turnens, wie es enger und verbindlicher nicht sein könnte:

- Schwimmen
- Schwangerschaftsgymnastik
- Wanderungen

Besonders das Schwimmen im gut temperierten Wasser unterstützt vorzüglich die Bewegungskoordination von Kind und Mutter, weil durch die Tragfähigkeit des Wassers die Mutter eine wohltuende Entlastung erfährt. Schwangerschaftsgymnastik sollte nur unter Anleitung von erfahrenen Gymnastinnen durchgeführt werden. Dazu werden überall eigene Kurse von Volkshochschulen, Krankenhäusern und Einrichtungen der Wohlfahrtsverbände im Rahmen der Mütterbetreuung angeboten. In diesen Kursen werden auch Anregungen zur Schwangerschaftsgymnastik zu Hause gegeben, so daß sich die Mutter daheim mit leichten Übungen immer wieder gut entspannen kann. Bei Wanderungen sollte die Mutter stabiles und zugleich weiches Schuhwerk tragen, um Unebenheiten von Wanderwegen besser ausgleichen zu können. Als unser Ältester „unterwegs“ war, sind meine Frau und ich mehrere Tage durch den Odenwald gewandert, und wir haben pro Tag 25 bis 30 km zurückgelegt. Überhaupt sollte der Mann so oft wie möglich seine Frau beim pränatalen Sport begleiten. Das verschafft der „werdenden Mutter“ nicht nur Sicherheit, sondern auch seelische Grundstimmungen durch eine gemeinsame spielerisch-sportliche Erlebniswelt.

2.2 Bewegung und Spiel im Babyalter

Nach dem Biologieprofessor Adolf Portmann ist der Mensch eine „unfertige Frühgeburt" gegenüber den meisten Tieren, die bereits „fertig" zur Welt kommen und sich nahezu frei bewegen können. Demgegenüber ist der Prozeß der Entwicklung des Säuglings, des Babys und des Kleinkindes recht langwierig. Das Baby bedarf daher der besonderen Zuwendung von Mutter und Vater. Das gilt vor allem auch für die körperliche Erziehung des jungen Menschen.

Im ersten Lebensjahr durcheilt das Kind die größte und umfassendste Entwicklungsspanne während des ganzen Menschenlebens. Das betrifft nicht nur das physische Wachstum, sondern auch die gesamte psycho-soziale und intellektuelle Entwicklung überhaupt. Daraus ergibt sich der Stellenwert einer komplexen, ganzheitlichen Früherziehung und -sozialisation.

Die Entwicklung der Motorik ist ebenfalls in dieser Zeit außerordentlich groß. Sie reicht in den ersten fünfzehn Lebensmonaten vom ersten Aufrichten bis zum Gehen/Laufen. Am besten wird diese Entwicklung deutlich in dem Schaubild Abb. 6.

Bewegung und Spiel in diesem Lebensabschnitt werden weitgehend bestimmt von der Motorik, die individuell schneller oder auch langsamer (akzelerierend oder retardierend) sein kann. Sie wird unterstützt durch emotionale Wärme, den Hautkontakt und durch die stete Zuwendung der Eltern zu ihrem Kind. Die Bewegungen gestalten sich aus eigenem Antrieb und sind natürlicher Art: Kriechen, Purzeln, Greifen nach Fingern, Händen und einfachen Spielgegenständen wie Rasseln, kleinen Weichbällen, Puppen aus waschbarem Material. Vater und Mutter sollten sich viel mit ihrem Kind beschäftigen: Sie kriechen mit ihm auf dem (Teppich)boden herum, rollen Bälle über den Boden auf das Kind zu und vom Kind weg, lassen es über Kissen turnen, in der Badewanne lustvoll und wonniglich plantschen, gehen mit ihm viel an die frische Luft, unterstützen sorgsam und hilfreich das erste Aufrichten zum Sitzen und Gehen, jedoch nur so, daß die Eigenständigkeit des Kindes gewahrt bleibt. Säuglings-/Babygymnastik ist empfehlenswert, aber nicht unbedingt notwendig. Hände, Arme, Füße, Beine, Kopf, Hals, Rumpf werden in spielerischer Art gebeugt, gestreckt, beweglich gehalten. Manchen späteren Haltungsschwächen und -schäden (vorwiegend der Wirbelsäule) kann durch eine Säuglingsgymnastik vor-

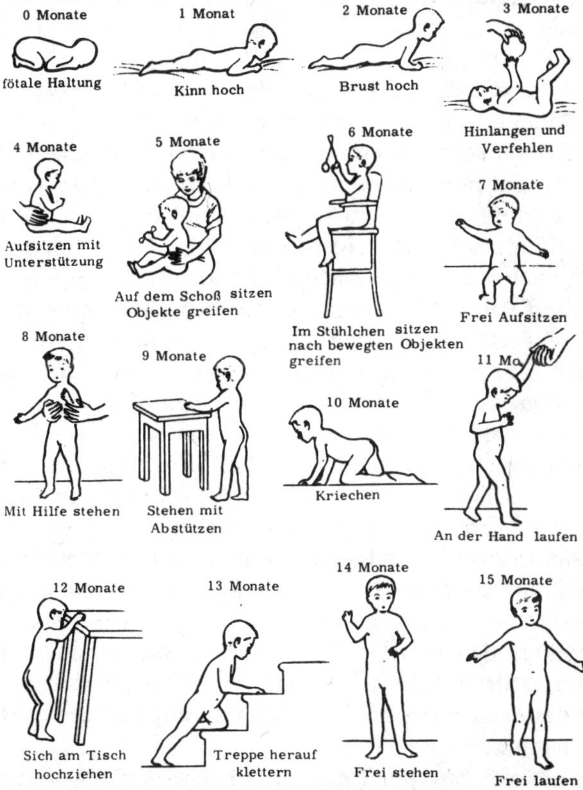

Abb. 6: *Die Entwicklung von Aufrichtung und Fortbewegung.* Nach M. Shirley; aus: Funk-Kolleg Pädagogische Psychologie 1, Fischer Taschenbuch 6115, S. 83. Frankfurt/M. 1974.

gebeugt werden. Zuwendung und Spiel sind die unverzichtbaren Voraussetzungen für ein gedeihliches motorisch-personales-soziales Verhältnis der Eltern zu ihren Kindern.

2.3 Bewegung und Spiel im Kleinkindalter

Der Psychologe Walter J. Schraml schreibt in seiner „Einführung in die moderne Entwicklungspsychologie“ (Stuttgart 1972) folgendes über die Motorik des Kleinkindes: „In der 3–4 Jahre dauernden Zeit des Klein- bzw. Vorschulkindes kann das Kind als Basis der Bewegungsmöglichkeiten mit den unteren Extremitäten bereits gehen; das Gehen wird nun variiert und gesteigert. Die erste Steigerung ist die rasche Fortbewegung, das Laufen. Zum Laufen wird nicht nur mehr Muskelkraft benötigt, sondern vor allem auch ein rascher Wechsel der Stabilität und Balance gefordert. Dieser Wechsel der Balance ist auch nötig beim wechselweise die Treppe Herunter- und Heraufgehen. Zuerst geht das Kind immer mit einem Fuß voran und zieht den anderen nach; erst bei einem Grad größerer Freiheit in der Balance gelingt ihm das wechselweise die Treppe Herauf- oder Heruntergehen. Die nächste weitere Leistung der unteren Extremitäten ist das Hüpfen, sei es das von einem Gegenstand, einem Stuhl oder einem Hokker Herunterhüpfen oder das wechselweise Hüpfen auf einem Bein ...“ (S. 145/146). Schraml verweist dann des weiteren noch auf die Bedeutung der Bewegungs- und Spielhilfen der Eltern und Erzieher, auf die jeweiligen Erziehungsstile, die das motorische Verhalten der Kinder in ihrer endogenen und sozialen Entwicklung maßgeblich beeinflussen können.

Dem Spiel bzw. der Tätigkeit „spielen“ kommt in dieser Zeit eine große Bedeutung zu. Weitab von allen möglichen Spieltheorien vollzieht sich beim Kleinkind in der Regel in ganz natürlicher Weise – ohne Reflexion – spontan, bewegungsreich und kreativ das Spielen. Sind es in den beiden ersten Jahren noch isolierte Spiele und Bewegungsspiele, so gewinnen mit dem dritten, vierten Lebensjahr zunehmend die sozialen, kontakteknüpfenden und -befördernden Spiele an Wirksamkeit. Dazu tragen bei die die äußere Sozialisation begünstigenden Einrichtungen wie Nachbarschaftsspielplätze, Kindergärten und Vorschulen. Die Bewegungsspiele, mit denen wir es hier vornehmlich zu tun haben, gestalten sich von den ersten Funktionsspielen über die Experimentierspiele, bei denen am eigenen Körper oder an Gegenständen etwas ausprobiert wird, und die Illusionsspiele bis zum bewegungsbezogenen Rollenspiel, bei dem oft viel Phantasie eingesetzt wird. Bei den Rollenspielen ist die Grenze zwischen Imitation (Nachahmung, Nachempfindung) und Identifikation (persönliches „Aufgehen“ in einer Rolle) nicht immer leicht zu bestimmen.

Eltern und Kinder sind gegen Ende dieser Entwicklungsstufe bereits harmonische Partner in den Bewegungen und Spielen. Es gibt zahlreiche gemeinsame Bewegungs- und Spielformen in dieser Zeit: Vater, Mutter, Kinder sind sich selbst untereinander Objekte der Bewegung und des Spielens, sie klettern, sie springen aneinander hoch und nieder, kriechen untereinander hindurch oder übereinander hinweg, wie Abb. 7 zeigt.

Schöner und besser noch als diese mehr gymnastischen Bewegungsformen sind gemeinsame Ballspiele, Spiele mit Reifen, Ringen, Seilchen und gemeinsame Wanderungen, wobei der Vater oder die Mutter oder beide gemeinsam die Kinder mit lustigen Einfällen zum Weiterwandern motivieren müssen. Auch das Tragen („Reiten“) auf den Schultern ist eine gute Koordination zwischen Vater und Sohn/Tochter, wobei die Kinder in der luftigen Höhe ihre kleinen Ängste überwinden lernen. Auch das Schwimmen wird in dieser Zeit erlernt. In den meisten Fällen sind es heute die Eltern selbst, die den Kindern die Wassergewöhnung beibringen. Es ist besser, mit Mutter und Vater schwimmen zu lernen als in speziellen Schwimmkursen, in

Abb. 7: *Kannst du unter den Händen von Vati und Mutti durchschlüpfen und dann über die Hände springen?*

Schwimmschulen oder -vereinen, die oft zu drillmäßig verfahren, was erziehlich nicht wünschenswert ist.

Gegen Ende dieser Entwicklungszeit sind die Kinder im allgemeinen in der Lage, das Anfängerschwimmen zu beherrschen. Sie können Bälle fangen und werfen, diese mit den Füßen treten, können mit einem kleinen Fahrrad fahren und vieles mehr.

2.4 Spiel und Sport im Kindesalter

Der Düsseldorfer Entwicklungs- und Erziehungspsychologe Horst Nickel schreibt zu diesem Lebensabschnitt der Kinder über die Motorik und die körperliche Leistungsfähigkeit in seiner „Entwicklungspsychologie des Kindes- und Jugendalters“ (Bd. II, 2. Aufl. Bern – Stuttgart – Wien 1976) u.a. folgendes: „Die stetige Zunahme der motorischen Leistungsfähigkeit im Schulkindalter ... findet ihren praktischen Ausdruck in dem gleichermaßen steigenden Interesse an körperlicher Bewegung, körperlichem Einsatz und dem gegenseitigen Messen der Geschicklichkeit und

Leistungsfähigkeit, die allgemein für das Schulkindalter charakteristisch sind. Sportliche Betätigungen erfreuen sich zunehmender Beliebtheit; Körpergewandtheit, Kraft und Geschicklichkeit nehmen ferner in den Gruppenspielen immer breiteren Raum ein. Schließlich ist das Schulkindalter auch die Zeit des beginnenden Leistungssports. Das Schulkind verfügt in der Regel über eine gute Körperbeherrschung und vermag auch seine körperliche Leistungsfähigkeit spätestens gegen Ende der Grundschulzeit relativ sicher zu beurteilen" (S. 80/81). Und ähnlich schrieb bereits der Psychologe Rolf Oerter in der „Modernen Entwicklungspsychologie" (12. Aufl. Donauwörth 1973): „Viele Spiele leben von der Leistungsmotivation ... Man kann darüber streiten, ob man leistungsbezogenes Spiel noch Spiel nennen soll. Aber es geht nicht an, alle hierher gehörigen Verhaltensweisen als ‚Arbeit', ‚Sport' oder auch nur als Tätigkeit mit Fremdzweck zu klassifizieren. Solange man Verhalten mit dem allgemeinen Terminus Spiel belegt, darf man den Leistungsaspekt nicht ganz beiseite lassen. Spielverhalten ist nicht nur entspannte Versenkung, sondern oft Anstrengung. Der Gesichtspunkt zu gewinnen und das Bewußtsein um das eigene Verdienst beim Gewinnen kennzeichnen viele Regelbeispiele" (S. 207/208).

In Anlehnung an A. Gsell haben H. Pohle-Hauss und W. J. Schraml nach Altersstufen die Arten der Bewegungen von Kleinkindern und Kindern in einem Schema zusammengestellt (W. J. Schraml: Einführung in die moderne Entwicklungspsychologie a.a.O. S. 148). (Siehe S. 36)

Aus der Sicht des Familiensports beurteilt, treten die Eltern in den Bewegungsübungen und -spielen mit ihren Kindern allmählich zurück, jedoch sind solche „Ablösungsprozesse" von Familie zu Familie unterschiedlich. An ihre Stelle treten die Klassenkameraden und die Spielgefährten aus der Nachbarschaft, die durch Bewegung und Spiel miteinander in Kontakt und Aktion treten. Viele Kinder schließen sich auch mit absichtlicher Billigung ih-

Alter in Jahren	*Bewegungsarten des Kindes*
2	Rennt, ohne zu fallen. Kauert beim Spiel. Kann sich bücken. Zieht beim Treppensteigen den Fuß nach, kann noch nicht auf einem Bein stehen. Gute Koordination beider Hände. Setzt Gegenstände zusammen.
4	Motorisch leicht exaltiert, beansprucht mehr Raum. Beherrscht alle Arten der Fortbewegung (laufen, rennen, hüpfen, klettern). Kann eine Tasse mit Flüssigkeit tragen, ohne etwas zu verschütten.
6	Kann die Ruhelosigkeit der Fünfjährigen steuern, ist sehr geschickt in seinen Bewegungen und liebt extreme Bewegungen (sich balgen, herumwälzen, heftig schaukeln etc.). Feinere Koordination Auge–Hand; Hand = Werkzeug.
8	Rhythmischere, geschmeidigere und anmutigere Bewegungen; Freude an Bewegungen. Beginn sportlicher Betätigung. Stellung und Bewegung beim Malen sind frei.
10	Das Kind ist gelöst und entspannt in seinen Bewegungen. Sehr geschickt und ausdauernd.

rer Eltern im Alter von 7–10 Jahren Turn- und Sportvereinen an, um sich in diesen Vereinen spielerisch-sportlich mit gleichorientierten und motivierten Kindern zu betätigen (Fußball, Turnen, Schwimmen, Leichtathletik usw.). Trotzdem brauchen die Verbindungen zu den Eltern – wie auch später – auf den Gebieten von Spiel und Sport nicht verlorenzugehen. Es gibt noch viele Gelegenheiten und Möglichkeiten der gemeinsamen sportlichen Betätigung von Eltern und Kindern, von Familien und Gruppen von Familien. Dazu gehören u.a. etwa alle Freizeitspiele, wie Ballspiele, Family-tennis, Indiaca, Krocket, Kegelspiele, Völkerball, Ball über die Schnur, Federball, Tischtennis. Es zählen dazu Wanderungen, leichte kurze und längere Läufe, im Wald, im Gelände, Nachlauf- und Versteckspiele, Spiele im Wasser und im Schnee. Sie alle gewähren und festigen zugleich soziales Verhalten, Handeln und

Lernen unter- und miteinander. Gemeinsame Schwimmwettbewerbe, leichtathletische und wintersportliche Wettbewerbe machen jetzt die Eltern weniger zum Anreger als zum Partner der sportlichen Aktivitäten. Die „Spielfeste“ als Anregungen des Deutschen Sportbundes (DSB) für Familien und Familiengruppen vermitteln Freude an der Bewegung in dieser und in den folgenden Altersstufen für die Familien und Familiengruppen und gestalten das Familienleben in vielerlei Hinsicht erträglicher, wenn es zum Beispiel beim Übergang zur Pubertätsphase zu Spannungen und Konflikten kommen sollte.

2.5 Sport und Spiel im Jugendalter

Diese Zeit ist unter entwicklungspsychologisch-pädagogisch betrachteten Bedingungen zumeist wohl die kritischste Phase der Entwicklung. Konflikte können sehr schnell entstehen. Der Ablösungsprozeß zugunsten der größer werdenden Selbständigkeit der jungen Menschen beschleunigt sich erheblich. Zur Motorik und zur körperlichen Leistungsfähigkeit in dieser Entwicklungsstufe schreibt Horst Nickel: „Während wir im Schulkindalter bei den verschiedensten psychomotorischen Funktionen einen relativ gleichmäßigen Leistungsfortschritt registrieren konnten, verläuft die Entwicklung in der Reifezeit und im Jugendalter weniger einheitlich. Einem auch weiterhin kontinuierlichen Leistungszuwachs in einigen Bereichen steht ein beschleunigter, teilweise schubhaft verlaufender Fortschritt auf den meisten Gebieten gegenüber. Gleichzeitig treten bei bestimmten Leistungen auch deutliche geschlechtsspezifische Differenzen auf ... Die beschleunigte Entwicklung der Körperkräfte bei Knaben läuft jedoch mit dem puberalen Längenwachstum nicht völlig parallel, sondern sie erfolgt mit einer gewissen zeitlichen Verzögerung ... Die vollständige Ausbildung der Muskelkräfte ist bei männlichen Jugendlichen etwa ein Jahr später erreicht als der Abschluß des Längenwachstums. Bei Mädchen dagegen endet die Zunahme der Körperkraft bereits mit Eintritt der Geschlechtsreife; in den folgenden Jahren ist sogar wieder ein teilweises Absinken zu beobachten" (a.a.O., S. 197).

Ein ausgesprochener Familiensport kann in dieser Zeit kaum noch stattfinden. Die sportlichen Interessen der einzelnen Familienmitglieder sind oft sehr differenziert. Schulsport und Vereinssport oder Sport in freien Gruppen treten als „Familienersatz" in zunehmendem Maße hinzu, so daß wenig Gemeinsames in Sachen Familiensport unternommen werden kann. Es ist jedoch denkbar, daß die Familie im Urlaub – falls die Jugendlichen überhaupt noch mit in den Urlaub ihrer Eltern fahren – gemeinsam ballspielen, schwimmen, wandern, vielleicht auch einmal an einem gemeinsamen Waldlauf oder an einem sportlichen Volkswettbewerb, an einem Lauf-Treff oder Rad-Treff teilnehmen, ansonsten kann man sich darüber freuen, wenn die Jugendlichen sich in einem Verein (in der Regel treten später viele Jugendliche wieder aus dem Sportverein aus!) oder in einer Sportart betätigen. Sind alle Familienmitglieder – wenn auch nicht mehr oder nur selten gemeinsam – in einer Sportart, die selbst gewählt wurde, regelmäßig tätig, dann kann man zumindest im übertragenen Sinne von „Familiensport" sprechen, denn jeder in der Familie treibt Sport, jeder einzeln, manchmal auch mit den Geschwistern gemeinsam; indem sie Fußball spielen im Verein oder in der Gruppe Handball, Basketball, Volleyball spielen, bergsteigen, schwimmen, rudern oder sich gar versteigen zum Segeln oder Drachenfliegen.

Die sportliche Betätigung der Jugendlichen ist in jeder Hinsicht sehr erwünscht, unabhängig davon, ob sie gemeinsam mit der Familie oder mit anderen Gefährten durchgeführt wird, ob in der Schule oder im Verein. Es ist auch tatsächlich ein hoher Prozentsatz von Jugendlichen (bis zu 50 Prozent), die sich regelmäßig sportlich betätigen, sei es im Schulsport, sei es im Vereinssport oder in freien Gruppen und Zusammenschlüssen in den Bereichen des Freizeit-/Breitensports oder im Leistungs-/Hochleistungssport in den mehr als 200 Spiel- und Sportarten. Es gibt viele Gründe, die für Spiel und Sport im Jugendalter sprechen: Gesundheit, Geselligkeit, Naturverbundenheit, Alternative zu Suchtgefahren, Freizeitgestaltung, Förderung personaler und soziale Bildung, Leistungsmotivation. Sie alle stellen eine echte „Lebenshilfe" dar. Mitunter jedoch – wenn auch in den wenigsten Fällen – kann die sportliche Betätigung zu Belastungen führen, die nicht wünschenswert sind, wenn beispielsweise das Training im Hochleistungssport zu erheblichen Einbußen der humanen, ethischen, sozialen und kulturellen Entwicklung der Jugendlichen führt (Kindertraining im Geräteturnen, Anabolika, Doping, Profitstreben usw.). (Vgl. dazu: P. Jakobi/H.-E. Rösch (Hrsg.): Sport und Jugendarbeit, Christliche Perspektiven im Sport, Bd. 3, Mainz, 2. Aufl. 1980 – dies.: Sport ohne Ethos?, Mainz 1980 – dies.: Sport zwischen Freiheit und Zwang, Mainz 1981.)

2.6 Familiensport der Erwachsenen

Die Erwachsenen sind in ihrer Motorik so weit ausgeprägt, daß die psychomotorische Entwicklung mit dem Ende des Längenwachstums einen Abschluß findet. Die Motorik wird nachhaltig mitbestimmt durch Lernprozesse, die bis ins hohe Lebensalter reichen. So können nach wie vor neue Bewegungsformen gelernt werden. Sie bauen in der Regel auf die bereits in früheren Lebensjahren erworbenen und internalisierten motorischen Fähigkeiten und Fertigkeiten auf. Dadurch verbessern sie die motorischen Grundeigenschaften, wie Schnelligkeit, Kraft, Ausdauer, Beweglichkeit und das Koordinationsvermögen. Mit zunehmendem Alter ist es durchaus möglich, noch weitere Bewegungsabläufe durch Erlernen zu erwerben. Auch neue Sportarten und Bewegungsspiele können weiterhin erlernt werden. Das physische Leistungsvermögen erreicht allerdings seinen Höhepunkt je nach Sportart zwischen dem 23. und 33. Lebensjahr. Unterschiede ergeben sich sowohl aus der individuellen Konstitution als auch aus den vorhandenen motorischen Grundeigenschaften. So kumulieren zum Beispiel die Schnelligkeit und das Koordinationsvermögen zwischen dem 22. und 26. Lebensjahr des Menschen, während Kraft und besonders die Ausdauer noch weiterhin (bis zum 35. Lebensjahr) zu verbessern sind.

In der Zwischenzeit hat sich die Familie nahezu aufgelöst. Neue Lebensbereiche tun sich auf für die einzelnen Familienmitglieder. Arbeit, Beruf, Studium bringen in der Mobilität oft einen erheblichen Ortswechsel mit sich, so daß schon aus räumlichen und zeitlichen Gründen die Herkunftsfamilie mit ihren einzelnen Mitgliedern kaum noch in Verbindung treten kann. Bekanntschaften, Partnerschaften, Freundeskreis, Heirat und vor allem die Gründung neuer junger Familien (Generationenwechsel) lassen einen Familiensport der ehemaligen Familienmitglieder so gut wie nicht mehr zu. Dafür erneuern die jungen Familien der folgenden Generation wieder den Familiensport mit Bewegung, Spiel und Sport in der Art, wie er hier bereits in den Kapiteln 2.1–2.5 beschrieben wurde. Der Kreis schließt sich mit der neuen Familiengeneration in einem Abstand von 25–40 Jahren. Viele Möglichkeiten der spielerisch-sportlichen Betätigung öffnen sich wieder, wie sie von Theo Lautwein im Kapitel 5 dieses Buches „Spielerisch-sportliche Aktivitätsformen in der Familie“ beschrieben und praktiziert werden. Mit generationenbedingten und zeit(mode)bedingten neuen Formen und Variationen von Bewegung, Spiel und Sport schließt sich hier der Kreislauf des Familiensports.

2.7 Großeltern spielen mit – Bewegung Spiel und Sport im Alter

Es gibt mitunter noch Familien, in denen drei Generationen leben: Großeltern – Eltern – Enkel. Geradezu ideal ist es im Sinne von Bewegung, Spiel und Sport mit älter werdenden und älteren Menschen, sich in dieser Drei-Generationen-Familie sportlich-spielerisch zu betätigen. So können Verständnis und Rücksichtnahme unter den Generationen gerade im Spiel und Sport erfahren und erlernt werden. Das gemeinsam umspannende spielerisch-sportliche Bewegungsbedürfnis und Bewegungsvergnügen kann eine solche Familie zum Träger einer Integration und zum Gegengewicht einer Isolation gerade der älteren Menschen werden lassen. Als sportliche Inhalte bieten sich an die kleineren geselligen Ballspiele, bestimmte Formen des Fitnesstrainings und der Gymnastik, das Tanzen und gemeinsame Wanderungen, im Winter das Skiwandern, im Sommer der gemeinsame Familienausflug mit dem Fahrrad.

Familien dieser Art sind nur noch selten zu finden. Deshalb ist der Alterssport mehr auf die ältere Generation konzentriert. Gleichaltrige Menschen schließen sich zu eigenen Gruppen zusammen oder schließen sich als Altensportgruppe/-abteilung einem Sport- und Turnverein an. In manchen Orten werden auch die Zusammenkünfte der „Jahrgänge" mit Bewegung, Spiel, Sport und Tanz im Alter gern gestaltet.

Die Motorik der älter werdenden Menschen nimmt mit jedem Lebensalter mehr und mehr ab, desgleichen die körperliche Leistungsfähigkeit. „Es läßt alles nach", pflegte unser 85jähriger Onkel immer zu sagen, wenn meine Familie ihn im Altersheim besuchte. Die Beweglichkeit wird eingeschränkt, die Kräfte schwinden, die Bewegungen verlangsamen sich. Das ist ein natürlicher „Abnutzungsprozeß", dem man nicht nachtrauern sollte, um „ewiger Jugend" zu huldigen. Illusionsfrei sollen die älteren Men-

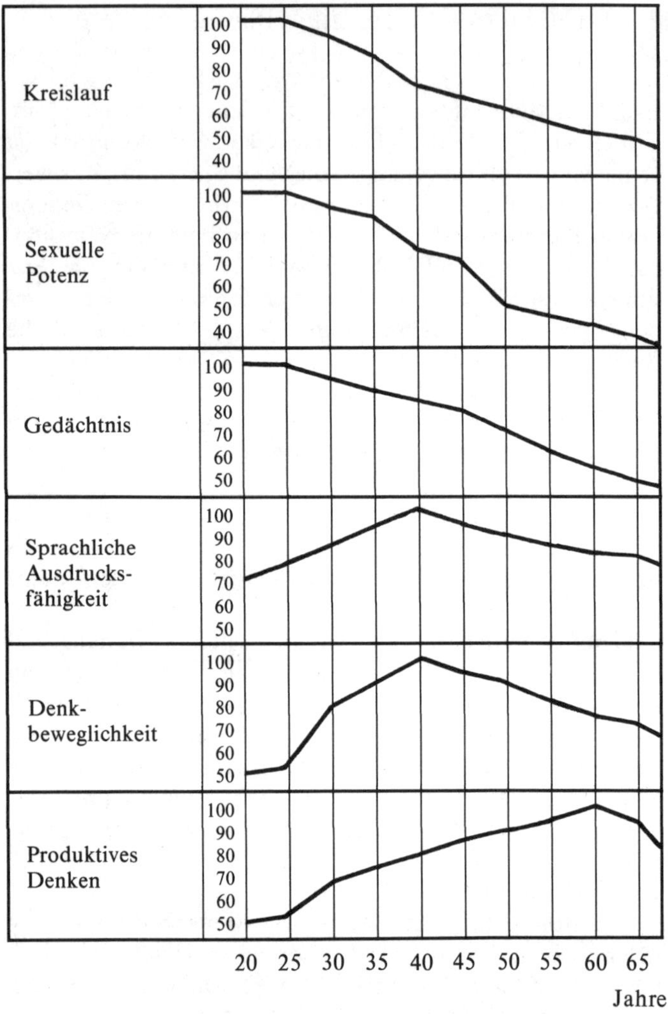

Abb. 8: *Änderung der menschlichen Leistungsfähigkeit in Abhängigkeit vom Alter (nach Franke).*
In: Müller–Rösch–Wischmann (Hrsg.): Alter und Leistung (Berichtsband des Symposions), Hochheim 1979, S. 52.

schen „loslassen können“, denn gerade „im Alterssport kann der Mensch erfahren, daß es Gewinn im Verlust gibt“, wie es der Pastoraltheologe Peter Lippert (Hennef/ Rom) anläßlich eines UNESCO-Symposions „Alter und Leistung“ 1978 des Fachbereichs Sport der Johannes-Gutenberg-Universität formuliert hat.

Auf diesem Symposion wurden viele Probleme älterer Menschen im Sport erörtert. Die gegenüberstehende Übersicht macht in geradezu drastischer Weise deutlich, wie die einzelnen Bereiche menschlichen Könnens mit zunehmendem Alter abnehmen – mit Ausnahme des „produktiven Denkens“.

Die körperliche Leistungsfähigkeit dagegen ist mit der Leistung des Kreislaufes eng verbunden. Ab dem 30. Lebensjahr beginnt hier eigentlich schon der Altersprozeß. Trotzdem können sich älter werdende Menschen durch sportliche Tätigkeit noch lange fit und ausdauernd halten. Welche Sportarten sich dafür eignen, zeigt eine Übersicht, die der Mainzer Sportwissenschaftler und bekannte Leichtathletiktrainer Professor Dr. Berno Wischmann erstellt hat. *(Siehe Abb. 9)*

Professor Wischmann gehört als jetzt 70jähriger zu den Menschen, die nicht nur vom Alterssport sprechen, sondern ihn auch praktizieren. Gewohnt seit frühester Jugend, sich vielfältig sportlich zu betätigen, hat er seine Familie und viele andere Familien und Menschen für den Sport begeistert, daneben mehrere hundert junge Menschen zu Meisterschaftsehren und Olympiasiegern trainiert. Er selbst hat mit 70 Jahren 1981 an den Veteran Games in Christchurch (Neuseeland) teilgenommen und drei Goldmedaillen, eine silberne und eine bronzene Medaille gewonnen, wobei er beachtliche Leistungen erzielte. Gewiß, Leistungs-/Hochleistungssport im Alter ist recht problematisch, andererseits bringt er für den noch weiter Leistungsfähigen Freude, Ziele und Erfüllung, die dem Leben im Alter ebenfalls einen Sinn geben können. Elly Bode, eine 90jährige Münchnerin und Gattin des Begründers der Bode-Gymnastikschule, ist in ihrem Alter auch heute noch

Abb. 9: *Sportarten in den verschiedenen Altersstufen im Hinblick auf untrainierte und trainierte Menschen.*

	Eignung von Sportarten für ältere Menschen, die seit ihrer Jugend ununterbrochen Sport treiben (Gruppe 1)			*Eignung von Sportarten für ehemals aktive Sportler, die sich nach mehrjähriger Pause erneut dem Sport zuwenden*			*Eignung von Sportarten für ältere Menschen, die früher niemals Sport getrieben haben.*		
Sportart	*35–45 Jahre*	*45–60 Jahre*	*über 60 Jahre*	*35–45 Jahre*	*45–60 Jahre*	*über 60 Jahre*	*35–45 Jahre*	*45–60 Jahre*	*über 60 Jahre*
Basketball	①	③	③!	①	③	⊖	①	⊖	⊖
Bergsteigen	①	①	③	①	③	③!	①	③!	⊖
Faustball	①	①	③	①	③	⊖	①	⊖	⊖
Fußball	①	①	③!	①	③	⊖	①	③!	⊖
Geräteturnen	①	①	③	①	①	③	③	⊖	⊖
Gewichtheben	①	③	⊖*	③	③!	⊖	③	⊖	⊖
Golf	①	①	①	①	①	①	①	①	⊖
Gymnastik	①	①	①	①	②	②	②	②	②
Handball	①	①	③!	①	③	⊖	①	⊖	⊖
Indiaca	①	①	①	①	①	①	①	①	⊖
Kegeln	①	①	①	①	①	③	①	③	③!
Kleine Spiele	①	①	①	①	①	①	①	①	③!
Leichtathletik	①	①	①	①	①[1]	③[1]	①	③**	③!
Prellball	①	①	①	①	①	①	①	③	③!
Radfahren	①	①	①	①	①	①	①	③	③!
Reiten	①	①	①	①	①	③	①	③	⊖

Rudern	①	③	③	①	①[2]	③[2]	①**	③	⊖
Schwimmen	①	①	①	①	②	①	①	①	③
Skilauf	①	①	③	①	③	⊖	③	⊖	⊖
Skiwandern	①	①	①	①	②	②	①	①	①
Tanzen	①	①	①	①	①	③	①	③	③!
Tennis	①	①	③	①	③	③!	③	③!	⊖
Tischtennis	①	①	③	①	③	③!	③	③!	⊖
Volleyball	①	①	①	①	③	⊖	③	⊖	⊖
Wandern	①	①	①	①	②	②	②	②	②

Zeichenerklärung:

① = geeignet
② = besonders geeignet
③ = bedingt (in abgewandelter Form) geeignet
! = besondere Vorsicht
⊖ = nicht geeignet

* = gilt nicht für Kerngesunde, die diese Sportart ununterbrochen betreiben
** = keine Kraft- und Schnelligkeitsübungen
[1] Besondere Vorsicht bei Kraft- und Schnelligkeitsübungen
[2] Nur Wanderrudern

In: Müller–Rösch–Wischmann (Hrsg.): Alter und Leistung, a.a.O. S. 130.

den im besten Frauenalter stehenden Gymnastik-Schülerinnen oft an Gewandtheit und körperlich-seelischem Ausdrucksvermögen in ihrem gereiften Alter überlegen.

Altern und Alterssport will gelernt sein. Peter Lippert hat diesen Prozeß aus existentieller Sicht so beschrieben: „Vielleicht macht der Altensport wahr, was es ist: Herausforderung annehmen und sich anspannen im Bewußtsein, keine spektakulären Leistungen zu erzielen; kreativ werden und sich selbst erleben als Gelingen, aber auf sehr prekäre Weise, weil doch nicht mehr sehr viel Verlaß auf die eigene Kraft ist; teilweises Gelingen aber dankbar annehmen lernen als Geschenk; Gemeinschaft von Weggenossen erleben; den Übergang vom Leistungsdenken ins Spiel zu lernen." (P. Lippert: Alter und Altern in theologischer Sicht, in: Müller–Rösch–Wischmann (Hrsg.), Alter und Leistung, a.a.O. S. 142).

3. Spielplätze, sportliches Spielzeug und Sportgeräte für die Familie

3.1 Spielplätze

Vielerorts trifft man immer noch sterile Spielplätze an, die aus einem viereckigen Sandkasten, einer rostigen Rutsche, einem langweiligen Klettergerüst und zwei, drei Schaukeln bestehen, die zumeist defekt sind. Eine Ruhebank für Mutter oder Großvater und ein winziges Stück zertretenen Rasens – das ist alles, was vorhanden ist. Der Sandkasten wird zudem als „Hundeklo" mißbraucht, der Sand so gut wie nie erneuert. Hier macht Spielen keine Freude.

Kritik an den trostlosen Verhältnissen und vor allem an mangelnden Bewegungs- und Spielmöglichkeiten ließen in manchen Gemeinden Initiativgruppen entstehen, die für die Anlage und die Gestaltung von Spielplätzen sorgten. Man schritt zur Tat. Vorüberlegungen wurden getroffen, Pläne geschmiedet, die Finanzierung gesichert, Modelle entworfen und ausprobiert und schließlich die Spielanlagen in Hunderten, ja Tausenden von Arbeitsstunden realisiert. So entstanden von Flensburg bis Garmisch-Partenkirchen landauf und landab zahlreiche Spielplätze, die ideen- und abwechslungsreich gestaltet wurden:

- Kinderspielplätze
- Abenteuerspielplätze
- Bauspielplätze
- Robinsonspielplätze
- Kreativspielplätze
- Pausenspielhöfe
- Nachbarschaftsspielplätze
- Freizeitanlagen

- Spielparks
- Spielhäuser
- Familienspielplätze

Mit Unterstützung durch öffentliche Geldmittel wurden und werden weiterhin modellhafte Spielplätze im Rahmen von Bundes- und Landesgartenschauen, von Ländern, Städten, Gemeinden und Vereinen geplant und angelegt. *(Siehe Abb. 10)*

Der ideale Spielplatz ist der für *alle Altersgruppen* vom Baby bis zum Greis angelegte *Familienspielplatz,* der vielfältige Bewegungs-, Spiel-, Kreativ- und Sportmöglichkeiten bietet und zu sozialen Aktivitäten herausfordert. Ein Platz dieser Art sollte nach Möglichkeit folgenden Aktivitäten Raum geben:

Bewegungsaktivitäten

Balancieren
Drehen
Wippen
Hangeln, Hängen
Klettern, Steigen
Rutschen
Schaukeln
Springen, Hüpfen
Hickeln
Kriechen
Verstecken
Seilbahnfahren
...

Sportliche Aktivitäten

Fitness (Trimmen)
Laufen
Springen
Werfen
Fußballspielen
Handballspielen
Basketballspielen
Volleyballspielen
Kleingolfspielen
Federballspielen
Indiacaspielen
Kegel-, Kugelspielen
...

Kreativ-manuelle Aktivitäten

Malen, Kritzeln
Matschen
Formen
Auf-, Ab- u. Umbauen
Graben
Hämmern, Sägen
Musizieren
...

Soziale Aktivitäten

Rollenspiele
Nachahmungsspiele
Abenteuerspiele
Parteispiele
Denkspiele
Feuern, Grillen
Wohnen
Friedensspiele
...

Abb. 10: *Ein Spielplatz, der Freude macht. (Foto: Klaus Benz)*

Zu diesen hier schwerpunktförmig angeführten Aktivitäten ergeben sich funktionale Zusammenhänge zwischen *Spielen* (Spielverhalten, Spielenkönnen) und den *Spielplätzen* als Ort des Spielens mit ihrem wünschenswerten Aufforderungscharakter. Zu den elementaren Fähigkeiten und Tätigkeiten der Menschen gehören „Bewegung" und die Kultivierung der Bewegung, das „Spielen" und der „menschengerechte Spielplatz". Als dem Ort der Bewegung, der Gestaltung, der gemeinsamen Aktivitäten läßt er drei hauptsächliche Zusammenhänge zum Spielen deutlich werden, und zwar

- Spielen als personale Funktion,
- Spielen als soziale Funktion,
- Spielen als Bewegungsgestaltung,

die miteinander korrespondieren und sich ergänzen:

Spielen als personale Funktion

Allgemein: Spielen – und das gilt für Kleinkinder und Kinder, für Jugendliche, Erwachsene und ältere Menschen – ist eine Tätigkeit, die der Einzelperson Bereicherung des Menschseins zu vermitteln vermag. Das bezieht sich auf das Erlebenkönnen in seinen gefühlsmäßigen Empfindungen und auf das Vorstellungsvermögen, das die Phantasie anregt, erweitert und bereichert. Dadurch wird der Prozeß der „Personalisation" des Menschen positiv beeinflußt. Es entwickeln sich Fähigkeiten und Fertigkeiten zum Gestalten, zum Konstruieren; motorische, musische, künstlerische Komponenten und Begabungen werden entwickelt. Spiel ist im höchsten Maße Entwicklung der personalen Kreativität, die nicht nur Vorhandenes nachvollzieht, sondern auch vorwiegend eigenschöpferische Ideen entspringen läßt, diese ordnet und spielerisch verwirklicht. Auf die Möglichkeiten des Spielens zum Lernen, zum Sprechen und auch zur Heilung als psychotherapeutisch „lösende", „freimachende" Hilfe sei – weil vorwiegend zweckorientiert – nur nebenbei hingewiesen.

Spielplatz: Im Grunde genommen bedarf es in der personalen Funktion des Spielens gar nicht so sehr eines „Spielplatzes". Elemente wie Wasser, Erde (Sand, Ton), Feuer, aber auch konstruierbares Material (Holz, Steine, Stoffe) in entsprechend natürlicher Umgebung bieten für diese Form der „Personalisation" genügend äußere Voraussetzungen. Ein Spielplatz jedoch, der vorwiegend kreative und konstruktive Spielmöglichkeiten bietet, so der Bauspielplatz mit viel Sand, Wasser, Modellier- und Malmöglichkeiten, mit Konstruktionsmaterial (Bretter, Balken, Steine), aber auch mit Denkspielen (Schach, Mühle usw.) ausgestattet, begünstigt vorteilhaft diese personale Spielfunktion.

Spielen als soziale Funktion

Allgemein: Eine noch größere Bedeutung als in der personalen kommt dem Spielen in seiner sozialen Funktion zu. Das Miteinanderspielen, wie es besonders in der Familie angebracht ist, ergänzt und fördert die Personalisation durch die Sozialisation im Entwicklungs- und Erziehungsprozeß. Spiel ist wesentlich „Interaktion" mit den Spielpartnern. Das Rollenspiel in seinen verschiedenen Darstellungsmöglichkeiten macht durch das Spielen sozialen Status, soziales Verhalten und Handeln bewußt. Wenn auch im Spiel selbst Konflikte entstehen können, so zeigt sich aber auch, daß durch das Spielen Spannungen, Konflikte und harte Auseinandersetzungen gelöst werden können. Spielen bedeutet in seiner sozialen Funktion Gestaltung der Lebens- und Wohnumwelt von Personen und Gruppen. Eine besondere Sozialfunktion kommt dabei neben dem Rollenspiel dem „Projekt-Spiel" zu. Im Projekt-Spiel gilt es, ein gemeinsam überlegtes, geplantes, durchzuführendes und zu vollendendes „Werk" zu erstellen, das selbst wieder sozialer Tätigkeit und dem Spielen dient. Dazu gehören die Anfertigung von Gegenständen durch Basteln und Konstruieren, aber nicht als „Ein-Mann-Projekt", sondern als Gruppenarbeit, wobei es nicht darauf ankommt, großartige Leistungen und Perfektionen zu vollbringen. Das Erfolgserlebnis, das sich beim Projekt-Spiel einstellt, vermag nicht nur spezielle Projektrollen aufeinander zu beziehen, sondern auch stärkere Kontakte unter den Projektakteuren zu knüpfen und dabei individuelles Mitarbeiten und -spielen positiv zu integrieren und zu bewerten. Die Vorbereitung und die Durchführung von „Spielfesten", wie sie häufig vom Deutschen Sportbund und anderen Gruppierungen initiiert werden und an denen oft Tausende von Menschen teilnehmen, gehören ebenfalls zu den projektbezogenen Spielen mit ausgesprochen sozialen Funktionen. Sie finden oft auf Spielplätzen statt.

Spielplatz: Untersuchungen auf Spielplätzen zeigen deutlich, daß ca. 90 Prozent der Kinder und Jugendlichen gemeinsam spielen mit Freund oder Freundin oder anderen Spielplatzbesuchern. Oft treffen sich auch die Familien zum gemeinsamen Spielen auf dem Spielplatz. Der gut funktionierende Spielplatz schafft rege Kontaktmöglichkeiten vielfältiger Art. Er wird zum Begegnungszentrum. Es werden Rollen- und Nachahmungsspiele, Abenteuer- und Indianerspiele spontan durchgeführt, aber auch Konflikte geschaffen und gelöst. Die Ausstattung eines Spielplatzes darf nicht zur Isolation führen (nur Rutschen, Schaukeln, Trimm-Fitness-Bahnen), sondern er muß auch Bereiche für Begegnung und gemeinsames Spielen berücksichtigen (Ballspielgelände, Fort, Burg, Bauspielplatz). Ein Spielplatz oder Freizeitspiel- und -sportgelände, das durch eine Gruppeninitiative erstellt wird (z. B. Südwestfunk-Aktion: Spielplätze auf dem Lande 1977) als gemeinsames kreatives Spielplatz-Projekt mit sozialpädagogischer Intention, ist im Sinne des Projektspieles sehr zu begrüßen. Ein Spielplatz oder ein Freizeitpark hat erst dann seine volle soziale Funktion, wenn Menschen aller Altersgruppen auf ihm Spielbereiche und Begegnungsmöglichkeiten vorfinden und dort spielen können.

Spielen als Bewegungsgestaltung

Allgemein: Eigentlich müßte dieser Bezugspunkt am Anfang dieser Erörterungen stehen, denn das Kennzeichen des Lebens und des Lebendigen schlechthin ist das „Sich-bewegen-Können“, eben die „Bewegung“. Diese wird zumeist sensomotorisch gesteuert. Zunächst ist sie individueller Art, an Personen gebunden, dann aber auch ist sie auf Gruppen und Mannschaften koordinierte Bewegung, wie sie beispielsweise in der Gegenüberstellung von Einzelsportarten (Schwimmen, Leichtathletik usw.) und Mannschaftssportarten (Fußball, Handball, Volleyball usw.) deutlich wird. Die sogenannten „Kleinen Spiele“ (Nachlaufspiele, Parteispiele, Staffelspiele und -wettbewerbe usw.) erfüllen sozial-integrative Funktionen und geben vielseitige Bewegungsimpulse. Schon im Babyalter ist die unkoordinierte Reflexbewegung Ausdruck des Spielens, und in der späteren zielgerichteten Bewegung werden Verstand und Spielfähigkeit miteinander verknüpft. In der sozialen Funktion, der Interaktion, ist das Spielen im noch höheren Maße bewegungsbezogen. Durch die Bewegung wird personales und soziales Handeln integriert. Man schafft „Begegnung durch Bewegung".

Spielplatz: Spielplätze sollen vorwiegend bewegungsaktiv angelegt werden, um dem Bewegungsbedürfnis der spielenden Menschen gerecht zu werden: laufen, springen, werfen, balancieren, hangeln, hängen, hüpfen, hickeln, kriechen, klettern usw. In der Einbeziehung des umgebenden Naturraumes (Wald, Wiese, Wasser, Büsche, Hänge usw.) erweitert sich das konstruierte Angebot des Spielplatzes um ein Mehrfaches. Die soziale Funktion des Spielens wird zudem verstärkt durch die interaktionellen Bewegungen wie Nachlauf- und Versteckspielen, Bolz- und Ballspiele jeglicher Art. Familien setzen sich in Bewegung. Älterwerdende Menschen bedürfen der kontinuierlichen Bewegung, denn wer „rastet" im Leben, der „rostet". Dabei vermitteln gesundheitsfördernde Trimm-Geräte und Fitneßbahnen wie auch Spielfelder für Boccia, Kegelspiele und Kugelspiele, Faustball, Torwandschießen usw. wertvolle Bewegungsimpulse.

Acht Jahre lang beschäftigte sich der Verfasser als Vorsitzender und Jury-Mitglied mit verschiedenen Spielplatzvorhaben und -realisierungen (u.a. Spielplatzprogramm Rheinland-Pfalz, Spielanlagen für jung und alt, Südwestfunkaktion: Spielplätze auf dem Lande). In vielen Examens- und Diplomarbeiten wurden von Sportstudenten Lage, Ausstattung und Besucherfrequenzen der Spielanlagen und das Spielverhalten der Benutzer aus allen Altersgruppen untersucht. Beim Spielplatzprogramm Rheinland-Pfalz kam die Jury-Gruppe in Beziehung auf die Familienspielplätze unter anderem zu folgenden Ergebnissen: „Einzelne Modellanlagen zeigen, daß bei einem ausreichenden Angebot an Familienspielmöglichkeiten und Kommunikationsbereichen der Spielplatz zu einem beliebten Treffpunkt aller Altersgruppen werden kann. Der Bau eines *Forums* oder eines kleinen *Podiums* auf dem Nachbarschaftsspielplatz hat in einigen Gemeinden bewirkt, daß der Spielplatz eine Stätte sowohl für organisierte Feste als auch für spontane Begegnungen geworden ist. Ein *Grillplatz* oder eine *Grillhütte* mit Sitzgelegenheiten wird gern von kleinen Gruppen zum abendlichen Feiern aufgesucht; diese Teilbereiche eignen sich auch besonders gut als Treffpunkte für Jugendliche... Von den Spielangeboten des Familienbereichs sind auf den beobachteten Anlagen am besten die *Spielwiesen, Bolzplätze* und *Kleinspielfelder* sowie *Tischtennisplatten* angenommen" (Spielplatzbericht Rheinland-Pfalz 1979, S. 68).

3.2 Sportliches Spielzeug

Sportliches Spielzeug ist eine wertvolle Bereicherung für die Bewegung. Es gibt lustvolle spielerische Bewegungsimpulse und bereitet viel Freude. Zu diesem sportlichen Spielzeug zählen unter anderem Roller, Pedalos und Stelzen. Auf diese wollen wir kurz eingehen.

Roller. Die zweirädigen „Flitzer" – holz-, gummi-, luftbereift – gehören in ihren verschiedenen Größen und Ausführungen vom 3. bis etwa zum 7./8. Lebensjahr zum Gerätepark der Kinder. Das Erlernen des Rollerfahrens ist relativ einfach und geschieht recht schnell. Sobald das Kind einigermaßen laufen kann, hält es sich am Lenker des Rollers fest, stellt einen Fuß auf das Rollerbrett und versucht die ersten Abstöße mit dem rechten oder linken Fuß. Geschicklichkeit in der Balance und Beinmuskelkraft als Schnellkraft sind die hervorstechenden Bewegungseigenschaften beim Rollerfahren. Kinder fahren mit ihren Rollern gern um die Wette, auf ebenen oder leicht abfallenden glatten Straßen und Wegen. Manche Kinder versuchen gern in Kreisen und Achtern zu fahren, bis 70-, bis 100mal. Slalomfahren um Gegenstände und durch Tore erhöhen den Reiz und verlangen eine große Bewegungsgeschicklichkeit und ein überlegtes Einschätzen der Fahrtgeschwindigkeit. Väter und Mütter können mit ihren Kindern - ähnlich wie nach den Regeln von „Spiel ohne Grenzen" - auf Plätzen oder Schulpausenhöfen Rollerwettbewerbe und Geschicklichkeitsturniere durchführen, bei denen kleine Preise winken.

Pedalo. Pedalos sind zwei- oder vierrädrige Balance-Rollen. Gleichgewichts-Koordinationen und Drehbewegungen in gleichmäßigen Auf- und Abwärtsbewegungen lassen sich bei den Pedalos mit Feingefühl durchführen. Schwierigkeiten bereitet die lineare Schwerpunktverteilung und die Überwindung des „toten Punktes" im Scheitelpunkt der Auf- und Abwärtsbewegung. Unnötige Kraftanstrengungen müssen vermieden werden, sonst bewegt sich das Pedalo ruckweise vorwärts, und der „Pedalist" kann sehr leicht herunterfallen. Im übrigen verlangen Pedalos im Bewegungsablauf viel Geduld und eine längere Zeit des Übens. Haben Kinder einmal den „Dreh" heraus, dann können sie sogar mit verschränkten Armen vorwärts fahren. Bald geht es auch rückwärts. Als „Therapiegerät" für geschicklichkeits- und bewegungsunbegabte Kinder ist das Pedalo zu empfehlen, dabei muß aber die Hilfestellung beachtet werden. Kleinere Kinder werden zunächst versuchen, auf den Knien und auf den Händen gleichzeitig das Pedalo zu fahren. Mit mehreren Pedalos lassen sich ebenfalls Geschicklichkeitswettbewerbe und Staffelwettkämpfe durchführen.

Stelzen. Zu den ältesten Spielzeugen gehören die Stelzen. Wie den Ball findet man sie in den verschiedensten Völkerschaften als Spielzeug und zum Gebrauch beim Durchwaten von Bächen und Seen, bei Botengängen und

Abb. 11: *Geschicklichkeit und Balance verlangen das Pedalo und die Stelzen.*

bei der Briefzustellung. Früher waren sie ein recht beliebtes Spielzeug, scheinen dann aber eine Zeitlang in Vergessenheit geraten zu sein. Neuerdings findet man sie wieder im Angebot guter Spielwarengeschäfte und -firmen. Eine Vorstufe der Stelzen sind die Stelzenklötze. Das sind runde, etwa 20 cm hohe Holzklötze, durch die oben ein Loch gebohrt ist und eine etwa 2 m lange Schnur gezogen wird. Man steigt auf die Klötze und zieht die Schnur straff nach oben und bewegt sich dabei zuerst in kleinen, dann in größeren Schritten vor- oder rückwärts. Bei den richtigen Stelzen, deren Fußrasten zwischen 30 und 60 cm hoch sind, ist für die Kinder zunächst das Aufsteigen schwierig. Man kann dabei helfen und die Stelzenstangen festhalten, bis das Kind aufgestiegen ist und gerade steht. Oder man läßt die Kinder vom Bürgersteig oder von einer Treppenstufe im Probieren aufsteigen. Zunächst gilt es, nach etlichen Versuchen das Gleichgewicht zu finden. Dann können die ersten kleinen Schritte gewagt werden. Meist sind es nur zwei oder drei zaghafte Schritte. Bald aber gewinnen die Kinder Sicherheit im Vorwärtsschreiten, ohne daß sie von den Stelzen fallen. Das Vorwärtsschreiten geschieht in der Form, daß die Kinder die Stelzenstangen mit den Händen unten führen und oben in Schulterhöhe die Stangen zwischen Oberarme und Körper pressen, was dem Zusammenhalt von Stelzen und Körper eine gewisse Festigkeit gibt. Besondere meisterliche Arten des Stelzenlaufens sind Seitwärts- und Rückwärtslaufen und Treppen hinauf- und hinuntersteigen. Am meisten Spaß bereitet den Kindern das Durchstelzen von Wasserpfützen und kleinen Bächen.

3.3 Spiel- und Sportgeräte

Es gibt eine Fülle von Spiel- und Sportgeräten. Das bedeutendste und älteste ist der Ball: der rollende, der geworfene, der getretene Ball. Er übt eine Faszination aus auf den Säugling bereits, auf das Kleinkind, den Jugendlichen und Erwachsenen als Greifball, Stoffball, Gummiball, Lederball in seinen vielfältigen Variationsmöglichkeiten. Beliebt für die Spiele und die sportlichen Aktivitäten in der Familie sind weiterhin Gegenstände wie Rollschuhe, Schlittschuhe, Springseile, Ski, Fahrräder, Kugeln, Kegel, Federball- und Tennisschläger, Indiaca, Frisbee, Krocket, Boccia, Tennisringe, Tischtennis, Schlitten.

Spiel- und Sportgeräte können viel zur Freude an der Bewegung, zur Bewegungserziehung, wie auch zum sportlichen Wettbewerb beitragen. Sie fordern zur Gestaltung und zur Entwicklung von Kreativität auf, knüpfen Kontakte und vermögen gerade dadurch sozial-integrativ unter den Familienmitgliedern und Gruppen zu wirken.

Abb. 12: *Groß ist die Auswahl von Spiel- und Sportgeräten für die Familie.*

4. Familiensport am Wochenende und im Urlaub

Für viele Menschen ist die Freizeit in den industriellen Gesellschaften in den letzten Jahrzehnten beträchtlich größer geworden. Unter dem Gesichtspunkt der Freizeit spricht man daher auch von einer Freizeitgesellschaft. Mehr Freizeit also auch für die Familien: am Tage, am Wochenende, in der Urlaubszeit.

Befragungen und Untersuchungen haben ergeben, daß im Sommer wie im Winter dem Bereich von „Bewegung, Spiel, Wandern und Sport" als aktiver Freizeittätigkeit ein hoher Stellenwert zukommt (zumeist an zweiter oder dritter Stelle in der Rangliste der Freizeittätigkeiten genannt).

Am Wochenende, vornehmlich bei günstiger Witterung, drängt es viele Menschen hinaus in die freie Natur, in die frische Luft, in abwechslungsreiche Landschaft. Die Parkplätze am Rande der Naherholungsgebiete sind zumeist überfüllt mit Autos, deren Insassen im Walde, auf den Bergen, entlang der Wiesen, Bäche und Seen wandern, laufen, joggen, fahrradfahren und im Winter skilaufen und skiwandern. Oft ist die An- und Abfahrt zu den Naherholungs- und Freizeitsportgebieten recht mühsam, denn es bilden sich sehr lange Staureihen von Fahrzeugen, besonders in den Wintersportgebieten. Noch länger sind die Staus in den Hauptferien- und -urlaubszeiten im Sommer und im Winter. Die meisten Urlauber haben sich inzwischen an solche belastende Verhältnisse gewöhnt. Die Kinder im Auto quengeln. Sie sollten bei diesen langen Fahrten mit kleinen Gesellschaftsspielen, Erzählungen, Verlosungen, Ratespielen, Beobachtungsspielen unterhalten werden. Kartenspiele und Puzzles sind dabei unentbehrliche Begleiter im Reisegepäck. Die Rastpause, die alle zwei bis drei Stunden eingelegt werden sollte, wird ebenfalls gern benutzt für kleine Spiele mit Bällen, Tennisringen oder Frisbeescheiben.

Für viele Urlauber, gleich in welchem Lande oder Urlaubsgebiet, ist die jeweils umgebende Landschaft (Berge, Wälder, Strand, Seen, Flüsse, Täler, Burgen, Schlösser, Kirchen, harmonische Ortsbilder, Felsen, Wasserfälle usw.), die sich merklich von der Alltagswelt abheben soll, mitbestimmend für ihre Gefühlslagen und Stimmungen. Gerade der Erlebniswert einer Landschaft, der umgebenden Natur, stellt einen bedeutsamen Faktor der physischen und psychischen Erholung dar. Ebenso wie das günstige Klima und das Wetter (Sonne, aber auch Reizklima) vermögen Flora und Fauna einer Landschaft sich abwechselnd auf die Stimmungslage der Urlauber positiv auszuwirken. Natürliche Lebensbedürfnisse werden geweckt. Bewegung, Spiel und Sport als elementare Lebensäußerungen erhöhen ihren Funktionswert durch die natürlichen Vorzüge einer Landschaft.

Es ist daher nur zu verständlich, wenn viele Menschen und Familien heute sensibler geworden sind für die Fragen und Probleme der Freizeit, der Freizeitgestaltung und ganz besonders der Umwelt. Sie möchten, daß die Natur, die Wälder und die Wiesen, die Seen und die Bäche, die Bäume und die Sträucher, die natürlichen Landschaften erhalten bleiben. Sie haben kein Verständnis dafür, wenn weiterhin verantwortungslos Betonpisten (Autobahnen, Flugplätze, Schnellstraßen) die natürlichen Landschaften einschnüren und den dringend benötigten Lebensraum für Menschen, Tiere und Pflanzen ersticken. Hochhäuser und Betonsilos in landschaftlich schöner Umgebung, wie man sie leider immer wieder in den Mittelgebirgen, in den Alpen, an den Meeresküsten und Stränden antrifft, sind Schandflecke in der Natur. Hinzu kommt noch die unerträgliche Luftverschmutzung (Inversionsschichten, Smog-Alarm usw.) vorwiegend in und am Rande von Ballungsgebieten. Die Expansionen auf allen diesen Gebieten haben Grenzwerte erreicht (Club of Rome), die nicht mehr überschritten werden dürfen, um die Lebensqualität für Individuen und Familien nicht ernstlich zu gefährden.

Für den Ferien- und Urlaubssport nun hat Professor Jürgen Dieckert, Freizeitsportexperte des Deutschen Sportbundes, fünf Regeln aufgestellt:

Abb. 13: *„Trimm Dich am Wochenende"* und *„Trimm Dich im Urlaub"*.

1. Ein Urlaub sollte nicht zu kurz sein und möglichst in einem anderen Klima stattfinden. Erst dann ist ein Erholungseffekt gewährleistet.
2. Am ersten Urlaubstag sollte man sich ausruhen und viel schlafen. Der dritte Tag ist meistens ein Krisentag: Unternehmungen und Anstrengungen meiden!
3. Ein Urlaub muß vorbereitet werden: Informationen und Unternehmungen planen.
4. Erholung schafft nur *aktiver* Urlaub. Statt einseitig zu faulenzen und passiv zu konsumieren, lieber mehr Initiative entwickeln und verschiedenartig tätig sein.
5. Urlaub sollte *zurück zur Natur* führen. Wasser, Strand, Meer, Berge, Wälder, Schnee und Eis müssen neue-alte Spielplätze werden.

Hierfür müssen auch die äußeren Voraussetzungen geschaffen werden. Es bedarf nach wie vor des intensiven Ausbaues von familiengerechten Spiel-, Sport- und Freizeitanlagen, des Ausbaues von Radwegen für das an Beliebtheit zunehmende Fahrradfahren sowohl in landschaftlich schöner Umgebung (Radwandern, Radtouristik) als auch in den Innenstädten (Sicherheit und Gleichberechtigung für den Fahrradverkehr), um nur einige Beispiele zu nennen.

Was nun die Bewegungsaktivitäten mit Spiel und Sport im Urlaub, in den Ferien für die Familie anbetrifft, so bringen die Empfehlungen des folgenden Kapitels „Spielerisch-sportliche Aktivitätsformen in der Familie" vielerlei Anregungen.

5. Spielerisch-sportliche Aktivitätsformen in der Familie

Wegen des „inoffiziellen" Rahmens von Familiensport mit seinen Merkmalen Spontaneität und Unverbindlichkeit müssen bei der Auswahl von *Spielen, Sportarten, „Kunststücken", Fitness-Aufgaben* folgende Gesichtspunkte beachtet werden:

- *spielerisch-sportliche Aktivitätsformen* auswählen, deren „Machbarkeit" nicht an genormte Sportanlagen und damit an eine Vereinszugehörigkeit gebunden ist. Sie sollten vielmehr überall (zu Hause, „in freier Wildbahn") ausgeführt werden können;
- sich für solche *Sportarten* entscheiden, bei denen Alters- bzw. Leistungsunterschiede keine entscheidende Rolle spielen (unterschiedliche Anforderung beim Erwerb von Qualifikationen in den einzelnen Altersstufen);
- sich für *„Kunststücke"* entscheiden, die allen fast auf Anhieb gelingen (leicht erlernbar) und risikoarm sind (geringe Unfallgefahr);
- *Fitness-Aufgaben* auswählen, die die körperliche Leistungsfähigkeit erhalten/verbessern können, besonders die allgemeine Ausdauerfähigkeit, die Geschicklichkeit und die Kraft.

Unter Berücksichtigung dieser Gesichtspunkte eignen sich nachstehende Aktivitätsformen für die spielerisch-sportliche Betätigung in der Familie:

5.1 *Spiele*
5.2 *Schwimmen*
5.3 *Skilauf*
5.4 *Wandern*
5.5 *„Kunststücke"*
5.6 *Fitness-Sport*

5.1 Spiele

können in hohem Maße spontanes und zweckfreies Handeln ermöglichen, das Streben nach Selbstverwirklichung (Sich-anstrengen-Dürfen ohne Sich-anstrengen-zu-Müssen) aktivieren, soziale Bindungen vertiefen sowie die Gesundheit / Fitness erhalten.

Sportliches Spielen im Rahmen von Bewegungsspielen macht Freude und Spaß, garantiert notwendige Erfolgserlebnisse, erzeugt / erhält kreatives Verhalten, sorgt für Ausgleich / Erholung, fördert die Anstrengungs- / Risikobereitschaft und ermöglicht motorische Aktivität / körperliche Belastung.

Die nachstehend empfohlenen Spielformen eignen sich erfahrungsgemäß für das *Spielen* in der Familie, denn sie sind:
- bewegungsreich,
- in der Spielidee leicht faßbar,
- an kein fixiertes Regelwerk gebunden,
- in der Organisation unkompliziert.

SPIELFORMEN

„Nachlauf" *(Abb. 14)*
Ein Fänger (Mutter, Opa, Tante, Kind) versucht, in einer festgelegten / vereinbarten Zeit (ab 30 Sek.) möglichst viele abzuschlagen (zählen). Die Abgeschlagenen bewegen sich weiter, keiner soll stehenbleiben.

Wer schlägt die meisten ab?

Abwandlungsmöglichkeiten
- Sich vor dem Abschlag retten, indem ich mich hocke / setze / lege / auf ein Bein stelle / mit den Händen den Boden berühre;
- Fortbewegungsart abändern: krabbeln / Spinnengang;
- Der Abschlag wird weitergegeben (Hand an der Abschlagstelle oder Arm hoch als „Fängerzeichen"). Wie oft muß ich fangen?

Abb. 14

„Bäumchen, wechsel dich"

Ein Spieler (Vater, Oma, Onkel, Kind) ruft „Bäumchen, wechsel dich!" Jetzt verlassen alle anderen ihr „Haus" (Bierdeckel, Stuhl u. a.) und versuchen, in ein anderes zu kommen, auch der Rufer (ohne Haus). Wer übrigbleibt, ruft. Wer hat nicht gerufen?

Abwandlungsmöglichkeiten

- Fortbewegungsart ändern: krabbeln, Entengang;
- Ausgangsstellung ändern: Hocke – Sitz – Stand auf einem Bein u. a.;
- alle laufen durcheinander und reagieren entsprechend auf Zuruf / Bewegungsvorbild: laufen – hüpfen – setzen – legen – Entengang u. a. – „ins Haus".

„Ochs am Berg"

Alle Spieler stehen in einer Wand / Markierung, auf der Gegenseite steht der „Ochs" mit dem Rücken zu den Spielern. Während des Rufes: „Eins, zwei, drei für Ochs am Berg!" laufen alle Spieler zum „Ochsen". Nach seinem „Spruch" dreht er sich um. Wer sich dann noch bewegt, muß zurück. Wer zuerst dem „Ochsen" die Hand gibt, ruft.

Abwandlungsmöglichkeiten
- Fortbewegungsart ändern: krabbeln / Entengang;
- nach „Spruch“ Einbeinstand / Hochzehenstand.

„Reagieren“
Alle Spieler bewegen sich und lösen die ihnen gestellten Aufgaben: laufen / krabbeln / Spinnengang / Entengang / stehen / setzen / Einbeinstand / Hochzehenstand u. a., ohne sich gegenseitig zu berühren.

Bei falscher / zu später Reaktion Punktverlust (jeder Spieler hat ein Konto von 10 Punkten).

Abwandlungsmöglichkeiten
- *Feuer und Wasser*
  Auf Zuruf „Wasser“ Hochzehenstand, bei „Feuer“ Bauchlage. Nach „Feuer“ können Aufgaben zur Kräftigung der Rumpfmuskulatur gestellt werden (Bauchschaukel / Wälzrolle / Liegestütz).
- *Schattenlauf*
  Ein Spieler bewegt sich (laufen / hüpfen / Hopserlauf / setzen / – Füße hinter denKopf / legen – Bauchschaukel / – Wälzrolle / Hochzehenstand u. a.), ein anderer imitiert ihn. Auf Zuruf / Klatschen Wechsel der Rollen (vorher Entspannung in Rückenlage: Beine gebeugt / Kerze / Knie neben die Ohren).
- Ball prellen oder / und rollen mit Hand / Fuß.

„Haltet den Korb voll“ *(Abb. 15)*
Alle Spieler im Feld verteilt – jeder nach Möglichkeit einen Ball (am besten Softball). In der Mitte steht ein „Korb“ (Papierkorb, Karton), der mit Bällen gefüllt werden soll. Das verhindert der „Korbwächter“, indem er die Bälle wieder ins Feld zurückwirft. Jeder zählt seine Bälle, die er in den „Korb“ gelegt hat.

Abwandlungsmöglichkeiten
- Abwurf von Markierungen (Linie, Teppich);
- Ball vorher fünfmal prellen / bis zu einer Linie rollen (Hand / Fuß).

Abb. 15

„Halte deine Seite frei"

Auf jeder Seite mindestens 2 Spieler mit je einem Softball. Die Bälle sollen möglichst schnell auf die andere Seite gebracht werden (Anzahl der Bälle zählen). Auf Zuruf „Halt", auf Pfiff oder Handklatsch: Stand oder Sitz. Wer hat die meisten Bälle gerollt / geworfen?

Abwandlungsmöglichkeiten

- den Ball nur werfen (Einwurf / Beidhand- / Einhandwurf), fausten;
- den Ball nur rollen (Hand / Fuß);
- Fortbewegung: Entengang oder Spinnengang.

Literatur:

New Games Foundation: new games – die neuen Spiele, München 1979.
Döbler, H. u. E.: Kleine Spiele, Berlin-Ost 1978/11.

„Neckball"

Ein Spieler versucht, einen Ball (Softball) zu berühren, den sich die anderen zuspielen. Ist dies gelungen, wird der letzte Zuspieler „Ballberührer". Wer wird dies nicht?

Treibball *(Abb. 16)*
Auf jeder Längsseite eines Spielfeldes stehen Spieler mit leichten Bällen (Softbälle). In der Mitte liegt ein schwerer Ball, der durch gezielte Treffer (werfen / rollen) über die Längsseiten getrieben werden soll („Tor"). Der schwere Ball darf nicht angehalten, sondern nur mit Bällen abgewehrt werden.

Wer erzielt die meisten „Tore"?

„Jägerball"
Ein „Jäger" soll in einer bestimmten Zeit möglichst viele „Hasen", die sich frei im Spielfeld bewegen, an den Beinen abtreffen. Welcher „Jäger" erzielt die meisten Abwürfe während der festgesetzten Spielzeit (1–2 Minuten)? Die „Hasen" dürfen den Ball nicht berühren.

Variante
Jäger wird derjenige, welcher den Ball erobert (wer ihn berührt, dem gehört er).

Wertung: „Abschuß" = 1 Punkt
Ball erobert = 2 Punkte
Ball gefangen = 3 Punkte

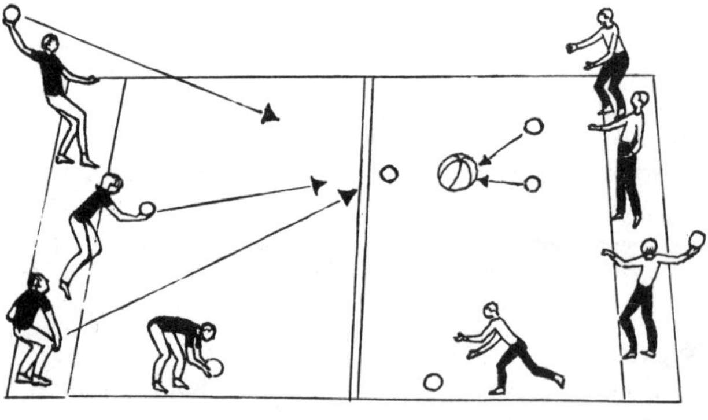

Abb. 16

Abb. 17

„Ball über das Seil" *(Abb. 17)*
In Spielfeldmitte wird in Reichhöhe ein Seil gespannt, in jedem Feld mindestens 1 Spieler. Es wird versucht, den weichen Ball (Softball) so über die Schnur zu werfen, daß er den Boden berührt (1 Punkt).

Regeln
- Ball darf das Seil und den Boden nicht berühren;
- nicht mit dem Ball laufen (von dort werfen, wo er gefangen wurde);
- höchstens dreimal den Ball in der eigenen Mannschaft spielen;
- Ball ins Spiel von rechts hinten („Aufschlag");
- nur die „aufschlagende" Mannschaft sammelt Punkte;
- bei „Aufschlaggewinn" *Rotation* (jeder geht im Uhrzeigersinn einen Platz weiter).

Varianten
- *Zeitlupenball* (Spielgerät: Luftballon / Wasserball);
- *Flugball / „Volleyball"*
  Der Ball muß mit beiden Händen über Kopf gespielt werden, evtl. kurz hochwerfen / wegspielen (mit den Fingern);

Abb. 18

Abb. 19

Abb. 20

- *Ringtennis* (Spielgerät: Tennisring) *(Abb. 18);*
  Indiaca (Spielgerät: Indiaca-Ball);
- *Indiaca-Tennis* (Spielgeräte: Indiaca-Ball, Indiaca-Schläger) *(Abb. 20);*
- *Speckbrett-Tennis* (Spielgeräte: Soft-Tennisball, Speckbrett / Beach-Bat).
- Federball (Spielgeräte: Schläger, Federbälle) *(Abb. 20).*

Boccia *(Abb. 21)*
Es soll versucht werden, von einer Abwurflinie farbige Kugeln möglichst in die Nähe einer kleinen Kugel (Setzkugel) zu werfen. Wer zielt am besten? (1 Punkt).

Auch als Mannschaftsspiel (Vater / Tochter – Oma / Sohn) möglich. Boccia-Spiele (Plastikkugeln) sind im Handel preiswert zu haben.

Abb. 21

Tischtennis

Ein Tischtennis-Bällchen soll von einer Tischhälfte über ein Tischtennis-Netz mit einem Tischtennis-Schläger so geschlagen werden, daß der Ball – nachdem er einmal die Platte berührt hat – nicht mehr zurückgeschlagen werden kann. Sieger ist, wer zuerst 21 Punkte erreicht hat. Das Aufspielrecht / Aufschlagsrecht wechselt nach 5 Spielpunkten (3 : 2, 5 : 0 usw.). Gespielt werden kann auf jedem Tisch mit glatter Platte, am besten selbstverständlich auf Tischtennis-Platten, die – wie die anderen Spielgeräte – im Handel gekauft werden können.

Literatur:

Lautwein, T.: Sportliches Spielen in der Grundschule, Schorndorf 1978.

Sklorz, M. / Michaelis, R.: Richtig Tischtennisspielen, München 1979.

5.2 Schwimmen

5.2.1 SCHWIMMEN LERNEN

Alle sollen sich sicher in brusthohem Wasser fortbewegen lernen (Wassersicherheit / Wasservertrautheit). „Trockenübungen“ sind ebenso zu vermeiden wie die Benutzung von Auftriebshilfen (Ringe / Reifen / Schwimmwesten u. a.). Bei zu starken Hemmungen können Armkissen gestattet werden.

Nachstehende Schwerpunkte sollten beim Schwimmenlernen beachtet werden:

Wassergewöhnung

Aufgaben:
- allein / mit Vater, Mutter, Geschwister (Handfassung, Huckepack) gehen / laufen:
  - vorwärts, rückwärts, mit Handeinsatz;
- mit Bällen zuwerfen / gezielt werfen.

Tauchen

Aufgaben:
- Gesicht aufs Wasser / Kopf ins Wasser – ausblasen;
- mit den Händen den Boden berühren (Sand holen), dabei knien, Füße aus dem Wasser (Handstand);

Abb. 22

Spiele:

- Wie lange kannst du unter Wasser bleiben?
- „Fingerspiel“: Wieviel Finger zeige ich dir unter Wasser?“ *(Abb. 22);*
- „Tunneltauchen“: durch die gegrätschten Beine; „tauchen“ bzw. schieben;
- „Gegenstände suchen“ (Steine / Teller / Ringe).

Auftreiben

Aufgaben:

- gestreckt ins Wasser fallen (Arme und Beine gegrätscht / geschlossen), danach liegen bleiben / sich heben / fortbewegen;
- auf den Boden setzen / beim Auftrieb Knie umfassen („Qualle“), danach strecken / drehen / fortbewegen *(Abb.23);*
- auf den Boden legen (Luft ablassen);
- Wie lange kannst du auf dem Wasser liegen?

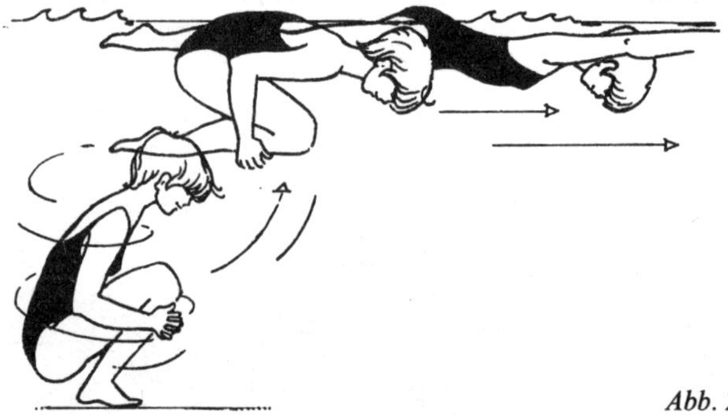

Abb. 23

Gleiten

Aufgaben:

- „Gleitspringen“ (sich vom Boden abdrükken) Hinweis: Kopf zwischen die Arme nehmen *(Abb. 24);*

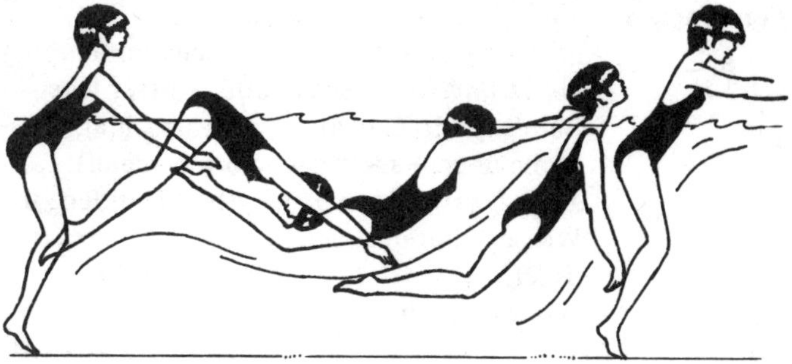

Abb. 24

- „Hechtschießen" (sich von der Beckenwand abdrücken) *(Abb. 25);*
  Hinweis: Rücken an der Wand / Wasser bis zum Hals
- „Gleitspiel": Wer gleitet am weitesten?

Abb. 25

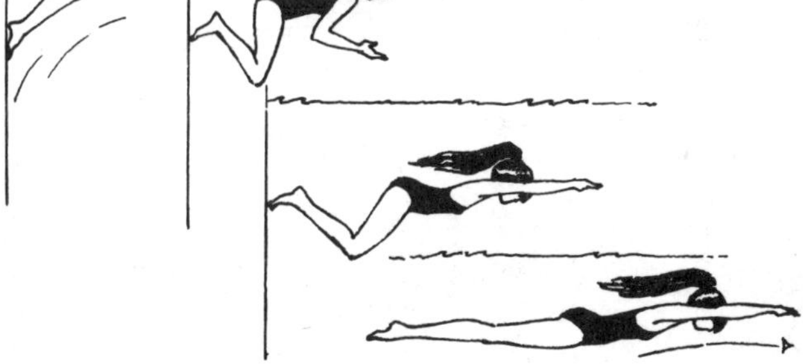

Fortbewegen

Aufgaben:
- mit Arm- und Beineinsatz „schwimmen“; als *„Hundeln“* (Gesicht aufs Wasser legen / Beine gestreckt auf- und abschlagen / Arme über Wasser nach vorn bringen); als *„Froschschwimmen“* (mit Händen im Wasser rühren / leicht gegen das Wasser treten);
- Wie weit „schwimmst“ du?

Springen vom Beckenrand als *Fußsprünge (Abb. 26)*

Aufgaben:
- aus dem Sitz herablassen;
- aus Hock-Startstellung (starkes Bein vor);
- aus Schrittstellung;

als Zielsprünge (Bälle / Ringe) mit Vater / Mutter / Geschwistern.

Literatur:
Wilke, K.: Anfängerschwimmen, Frankfurt 1979 (ro-ro-ro Sportbuch).

Abb. 26

5.2.2 SCHWIMMTECHNIKEN

Alle sollen sporttechnisch korrekt in tiefem Wasser schwimmen lernen (Brustschwimmen, Kraulschwimmen).

Brustkraul

Aufgaben:
- *Hundeln"*
  (Arme über Wasser nach vorne bringen / Beine gestreckt auf- und abschlagen / Gesicht aufs Wasser legen).
- *Kraulschwimmen ohne Atmung*
  Hinweise:
  zum Armzug
  hoher Ellbogen (wenn Hand nach Unterwasserzug in Hüfthöhe, Ellbogen schnell / hoch aus dem Wasser bringen;
  zur Wasserlage
  gestreckte Körperlage (Kopf in Rumpfverlängerung / Gesicht liegt auf dem Wasser);
  zum Beinschlag
  Beine gestreckt auf- und abschlagen / Wasserdruck beugt beim Abwärtsschlag das Bein sowieso (Füße zeigen leicht nach innen / Schlagweite mindestens eine Fußlänge).
- *Kraulschwimmen mit Atmung (Abb. 27)*
  Hinweise:
  Nach einer Seite einatmen / durch Mund / Nase ins Wasser ausatmen (Mund bis gerade über die Wasseroberfläche bringen / dabei durch das „Armfenster" schauen.

Brustschwimmen

Aufgaben:
- *„Froschschwimmen"*
  (leicht gegen das Wasser treten / geringes Ausgrätschen / mit den Händen im Wasser rühren);
- *Brustschwimmen (Abb. 28);*

Abb. 27

Hinweise:
– *zur Schwunggrätsche*
Fersen ans Gesäß (sich in den „Hintern" treten) / Füße nach oben / außen kreisen, bis sich Innenränder bei gestreckten Beinen berühren;
– *zum Armzug*
mit geschlossenen Fingern im Wasser rühren (Unterarme vor der Brust zusammen-

Abb. 28

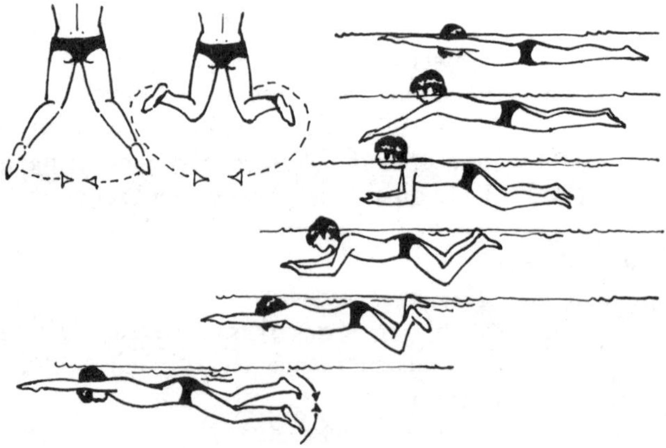

bringen / gelingt nicht ganz wegen Wasserwiderstand);

– *zur Wasserlage / Atmung*

Einatmung während des Armzugs kurz über der Wasseroberfläche, Ausatmung durch Mund / Nase bei gestreckter Körperlage / Kopf zwischen den Armen / Haaransatz an Wasseroberfläche.

– *gegenseitiges Transportieren (Ziehen)*

Vater / Mutter – Kinder

Vater – Mutter

(beide Brustlage / „Hintermann" legt Hände auf Schultern des Vordermannes / schwimmen);

– *Streckentauchen*

Nacheinander von Armzug und Beinschlag.

Kopfsprünge *(Abb. 29)*

Hinweise:
- Kopf zwischen die Arme;
- intensiver Abdruck;
- Körperzusammenschluß / -spannung.

Abb. 29

Aufgaben:
- aus dem Sitz („Abfaller“);
- aus der Hock-Startstellung (starkes Bein vor);
- abdrücken;
- aus der Schrittstellung / während des Fluges die Gegenseite anschauen;
- vom Startblock aus der Schlußstellung: Stand schulterbreit / Füße leicht nach innen drehen / Zehen umklammern den Block / Beine gebeugt / durch die Beine schauen;
- Kopf- bzw. Startsprung – Brustschwimmen.

Literatur:

Krodel, E.: Schwimmfibel, Bonn [3]1977.

5.2.3 SCHWIMMABZEICHEN

Frühschwimmer („Seepferdchen")
- Sprung vom Beckenrand / 25 m schwimmen;
- einen Gegenstand aus schultertiefem Wasser heraufholen.

Freischwimmer (Jugendschwimmabzeichen Bronze)
- Sprung vom Beckenrand / 200 m schwimmen (8 Min.) oder 15 Min. schwimmen;
- einen Gegenstand aus ca. zwei Meter tiefem Wasser heraufholen (von der Wasseroberfläche);
- Sprung aus ein Meter Höhe;
- Kentnis von Baderegeln.

Freischwimmer (Schwimmabzeichen Bronze)
- Sprung vom Beckenrand / 200 m schwimmen (7 Min.);
- Kenntnis von Baderegeln.

Berechtigt zur Abnahme / Bestätigung sind Sportlehrer, Schwimmeister sowie Inhaber des Lehrscheins der Deutschen Lebensrettungsgesellschaft.

5.3 Skilauf

5.3.1 LANGLAUF

Gespurte Loipen oder ein fast ebenes Gelände mit flachen Steigungen / mit leichtem Gefälle (Spuren selbst legen: schulterbreit) sollen auf Langlaufskiern (Schuppenski mittlerer Preislage) mit Stöcken (achselhoch) bewältigt werden. Laufzeit mindestens 30 Minuten.

Übungsformen

Ski-Gleiten:
Gehen in der Loipe / im Gelände / Spur (schulterbreit anlegen) mit Umtreten (entweder bleiben die Spitzen oder die Enden an einem Punkt) zur Richtungsänderung *(Abb. 30).*

Ski-Rollern:
Fahren in der Loipe / im Gelände wie mit einem Roller: ein Ski vorgestellt (Gleitski), der durch tretendes Sich-Abdrücken mit dem hinteren Ski (Abdruckski) „angetrieben" wird (ohne und mit Stöcken).
Laufen in der Lopie / im Gelände;

Abb. 30

Hinweise:
- bei Beginn des Abdrucks vom Schnee Knie (über der Bindung) und Oberkörper (Skispitzen ansehen) gebeugt;
- am Ende des Abdrückens hinteres Bein gestreckt (bildet mit dem Oberkörper eine Gerade nach schräg-vorne);
- Arme/Stöcke schwingen normal/natürlich (unterstützen Abdruck und Gleiten);
- Stockeinsatz immer schräg nach hinten.

Ski-Laufen (Abb. 31)

Abb. 31

„Bergauf-Laufen" (Abb. 32)
Hinweise:
- Knie leicht anheben, damit Ski sich vom Schnee lösen;
- schneller „Trippellauf".

Abb. 32

Abb. 33

Berglaufen

„Tal-Fahren"
- bei ausreichendem Tempo abfahren (Knie gebeugt/ Oberkörper aufrecht);
- bei zu geringer Geschwindigkeit Stockeinsatz (beide Stöcke gleichzeitig einsetzen / dabei Knie und Oberkörper stark gebeugt) *(Abb. 33).*

Trainingsformen

In der Loipe / im Gelände werden diese geübten/gelernten Grundformen (gehen/„rollern"/bergauf- und bergablaufen und -fahren) – den Gegebenheiten entsprechend – angewendet.

Rundenlauf:

mehrere Runden (eine kleine Runde: ein bis drei Kilometer / eine große Runde: drei bis fünf Kilometer).

Zeitlauf:

eine oder mehrere Runden nach Zeit durchlaufen.

Schnellauf:

„Der letzte vorbei": Der letzte läuft schnell an den anderen – die weiterlaufen – vorbei und übernimmt die Führung, anschließend der nächste usw.

Reaktionslauf:

„Schattenlaufen"

Zwei laufen hintereinander. Der „Vorläufer" bestimmt Tempo, Richtung, Fahrweise (gehen/„rollern" u.a.), der „Nachläufer" versucht, sich anzupassen.

Literatur:

Deutscher Verband für das Skilehrwesen, Skilehrplan 4 – Nordischer Skilauf, München ³1979.

5.3.2 HANGFAHREN

kann in sanft abfallendem Gelände an präparierten (gewalzten oder getretenen) Hängen auf kürzeren L-Skiern (Länge: 10–20 cm kleiner als Körpergröße) von allen Familienmitgliedern so gelernt werden, daß die Bewältigung von „Schneehängen" schon nach kurzer Zeit (5 bis 10 Stunden Lernzeit) gelingt und Freude bereitet.

Dies ist erreichbar, wenn bei *natürlich/offener Fahrweise* (alles ist erlaubt, was natürlich ist) beim Hangfahren nachstehende Hinweise *permanent* beachtet werden:

- sich immer in Fahrtrichtung orientieren (Schräg-/Schußfahren);
- die Ski eine Skibreite parallel auseinander lassen (offene Fahrweise);
- der Talski bleibt einen halben Schuh zurück;
- Sprung-/Knie- und Hüftgelenke sind leicht gebeugt (Knie über dem Bindungskopf).

Folgende *Grundformen* des Befahrens von Hängen bieten sich an:

Schrägfahren *(Abb. 34)*
bedeutet eine Fahrt parallel zum Hang / quer zur Fallinie. Die Risikobereitschaft ist hier nicht so stark wie beim Schußfahren gefordert. Deshalb sind Hemmungen, die

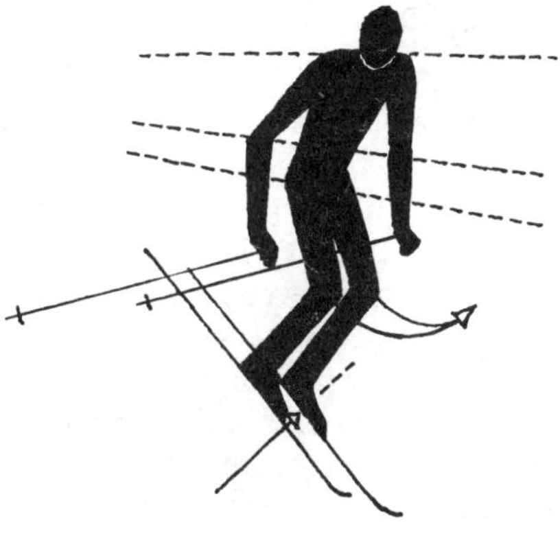

Abb. 34

sich natürlicherweise bei einer solch ungewohnten Fortbewegungsmöglichkeit zeigen, leichter zu überwinden. Dies um so mehr, wenn korrekte und gutgemeinte Tips gegeben werden:

- lasse den oberen Ski (Bergski) immer einen halben Schuh vor dem unteren Ski (Talski);
- belaste dabei den Talski stärker;
- die gebeugten Knie zeigen zum Hang (vorwärts – bergwärts), um besser zu kanten;
- schaue talwärts;
- trage die Stöcke mit leicht angewinkelten Armen.

Abwandlungsmöglichkeiten

„Einbeinfahrt“:
Ende des Bergskis mehrmals anheben / angehoben lassen

„Steilfahrt“:
steiler fahren

Torfahrt“:
durch ein Tor (2 Stöcke) fahren

„Hockfahrt“:
in der Hocke fahren (eventuell etwas aufnehmen: Papier, Schnee u.a.)

„Synchronfahrt“:
mit andern gleichzeitig fahren

„Paarfahrt“:
mit gefaßtem Stock fahren (Vater/Mutter u.a.)

Schußfahren *(Abb. 35)*
vollzieht sich in der Fallinie und verlangt Mut zum Risiko. Es sollte erst versucht werden, wenn beim Schrägfahren Bewegungserfahrungen gesammelt und Erfolgserlebnisse gemacht wurden.
Folgende *Hinweise* erleichtern das Schußfahren:

- belaste beide Füße gleichmäßig bei leichter Beugung der Fuß-/Knie- und Hüftgelenke (Mittellage);

Abb. 35

- die Stockspitzen zeigen nach hinten;
- willst du langsamer fahren, belaste die Fußballen (Druck im „Vorschuh"-Vorlage), oder strecke dich;
- willst du schneller fahren, belaste die Fersen (Druck im „Rückschuh"-Rücklage).

Varianten

„Pflugfahren":
die Skispitzen zeigen zueinander (nur zum Bremsen)

„Zielfahren":
durch ein Tor am „Ziel" fahren

„Umsteigfahren":
das Gewicht vom rechten auf den linken Ski verlagern

„Hock-Tor-Fahren":
in der Hocke durch ein „Tor" (2 Stöcke) fahren

„Reaktionsfahren":
der nächste startet, wenn der „Vorläufer" eine Markierung (Baum, Skistock u.a.) passiert

„Slalomfahren":
um Skistöcke herumfahren (Abstand mindestens fünf Meter)

Aufsteigen
Für den Aufstieg ohne mechanische Hilfe (Lift) gibt es im großen und ganzen zwei Grundmöglichkeiten: den Treppenschritt und den Grätenschritt.

Treppenschritt *(Abb. 36)*
Die Skier stehen parallel quer zur Fallinie. Beim seitlichen Nachstellschritt zeigen die Knie bergwärts. Dadurch verkanten die Ski, ein Abrutschen wird verhindert.

Abb. 36

Grätenschritt *(Abb. 37)*
Die Skier sind ausgewinkelt (Skienden zusammen / Skispitzen auseinander) und stehen auf den Innenkanten. Beim Aufsteigen sollen die Knie vor-einwärts gebeugt werden, damit einmal der Kantenabdruck ermöglicht und zum anderen ein Abrutschen verhindert wird.

Abb. 37

5.4 Wandern

5.4.1 FUSSWANDERN

Bundespräsident Professor Carstens ist unterwegs. Er kommt zu Fuß. Er wandert durch die deutschen Bundesländer. Viele Bürger begleiten ihn. Schnell wandert er – mit „Siebenmeilenstiefeln“. Manche Begleiter können nicht mit ihm Schritt halten. Warum wandert der Bundespräsident mit seiner Frau Veronika? Politische Show oder echte Begeisterung für diese Art der Fortbewegung? Halten wir es mit dem Letzteren. Auf jeden Fall sind die Wanderungen des Staatsoberhauptes sympathisch, sie motivieren viele Zeitgenossen, sie sind umweltbewußt und für den Präsidenten selbst im Kontakt mit der Bevölkerung sehr aufschlußreich. Ja, es ginge manches (auch im Staat, in der Politik) viel besser, wenn man mehr ginge!

Wandernde Gesellen und Scholaren von ehedem, wandernde Familien heute. Impulse gab die Jugendbewegung der ersten beiden Jahrzehnte dieses Jahrhunderts. Das Jugendherbergswerk macht das Wandern durch die schönsten Landschaften erst richtig verlockend. Familien finden in den Jugendherbergen dort ebenso Unterkunft wie wandernde Schulklassen und Einzelwanderer. Wandern wird zum Erlebnis: Man sieht viel, lauscht den Vogelstimmen, freut sich über die Blumen am Wegrand, erträgt Hitze, Kälte und Regen wie die Pilger, die in gläubigeren Zeiten nach Santiago de Compostela, nach Jerusalem oder nach Rom wallfahrteten.

Wenn die Familie wandert, gilt es einige Wanderregeln zu beachten:

- gutes, eingelaufenes Schuhwerk;
- der Witterung angepaßte Kleidung;
- Regenbekleidung;
- Sonnenschutz;
- Rucksäcke nicht zu schwer bepacken;

- Karte, Kompaß, Wanderapotheke, Jugendherbergsverzeichnis;
- bekömmliche, vitaminreiche Nahrung und Getränke

gehören zu den Wanderungen.

Das Wandertempo sollte sich nach dem Wandervermögen des „schwächsten“ Familien- oder Gruppenmitgliedes richten. Pausen sind erholsam, doch sollten sie nicht zu lange ausgedehnt werden, und nicht am Anfang der Wanderung liegen. Eine Familie, die gut zu Fuß ist, kann pro Tag 30–40 Kilometer wandern. Anfänger wandern 10–20 Kilometer. Kinder, denen die Wanderungen mitunter ein wenig langweilig werden, können aufgemuntert werden durch in die Wanderung einbezogene Versteckspiele (Kinder laufen voran, um sich hinter einem Baum, Strauch oder Felsen zu verstecken, sodann „überfallen“ oder „erschrecken“ sie die angeblich ahnungslosen Eltern). So bleibt das Wandern nach wie vor „des Müllers Lust“.

5.4.2 RADWANDERN

Als Autor von Radwanderbüchern kann man das Radwandern nur mit großer Begeisterung empfehlen. Das Radfahren auf vielen Straßen ist heute allerdings nicht ungefährlich. Für seine Radwanderstrecke muß man sich auf einer guten Straßenkarte ruhige Land- und Kreisstraßen, asphaltierte oder betonierte, aber auch sonst gut hergerichtete Land- und Forstwirtschaftswege aussuchen, die, wenn auch oft mit Umwegen verbunden, doch ungefährlicher zum Tagesziel führen. Die neuen Radwanderführer geben ebenfalls manche guten Empfehlungen für die Radwandertouren, seien es Rundfahrten, Streckenfahrten, Großfahrten oder thematische Fahrten, wie Besichtigungs- und Kulturfahrten zu Burgen, Schlössern, Kirchen, Klöstern, Ruinen, schönen alten Ortschaften mit Fachwerkhäusern und Stadtmauern, Weinfahrten in Reblandschaften oder internationale Freundschaftsfahrten.

Manche Eltern nehmen ihre Kleinkinder mit auf das Fahrrad, auf dem ein spezieller Kindersitz montiert ist. Die Kinder gewöhnen sich somit bei Zeiten an das neue Lebensgefühl „hoch auf dem Stahlroß". Sie fahren mit in die Kurve, greifen nach dem Lenker, verlagern das Schwergewicht, halten die Balance, bremsen mit der Handbremse, klingeln, geben Zeichen und stellen sich so in spielerischer Weise auf den Verkehr ein. Es ist dies auch eine ideale Form der Verkehrserziehung und eine gute Eingewöhnung zum richtigen Radfahren in der Stadt. Eltern, Geschwister, Freunde bringen den jüngeren Kindern das Radfahren bei, oder sie beginnen es mit einem kleinen Fahrrad mit Stützrädchen, die später wieder abmontiert werden können, wenn genügend Tretkraft und Balancegefühl entwickelt worden sind.

In Frankreich, Holland, Belgien, Skandinavien und vorwiegend in der norddeutschen Tiefebene sieht man in den Ferienzeiten viele Familien auf ihren Rädern gemeinsame Ausflüge unternehmen. Zumeist fährt der Vater vornweg, dann kommt das jüngste Kind, dann die älteren, zum

Schluß die Mutter. Auch die Großeltern können bei diesem Tempo noch gut mithalten.

Bevor die Familie aber auf Fahrt geht, sollte sie folgende zehn Grundregeln beachten:

- Grundregel beim Radfahren auf der Straße ist das Verhalten des Radfahrers gemäß der Straßenverkehrsordnung.
- Das Rad muß in Ordnung sein: Bremsen, Licht, Klingel, Rückstrahler usw. müssen funktionieren. Flickzeug, Ersatzventil und Luftpumpe nicht vergessen. Das Flicken eines Rades will vorher geübt sein.
- Zur Sicherheit im Straßenverkehr empfiehlt es sich, knallig bunte Kleidung (gelb, orange, grün, rot) zu tragen. Für Kinder ist ein hochragendes Fähnchen oder eine Warnkelle ein gut sichtbares Schutzzeichen. Für die Dunkelheit eignen sich neben den Rückstrahlern auch Speichenreflektoren oder Leuchtreifen.
- Nach Möglichkeit verkehrsreiche Straßen in den Städten, Bundesstraßen und stark befahrene Landstraßen meiden. Die besten „Fahrzeiten" sind am Samstag und Sonntagvormittag (kein LKW-Verkehr) und die Zeiten außerhalb der Spitzenverkehrszeiten, die werktags zwischen 8.30 und 16 Uhr und nach 18 Uhr liegen.
- Für Anfänger empfehlen sich ruhige Straßen und Wege, auf denen zunächst etwa 10 Kilometer zurückgelegt werden, dann steigern auf 15, 20, 25 usw. Kilometer.
- Zum Radwandern werden möglichst gute Tourenkarten im Maßstab 1:50000 oder 1:25000 benötigt, um sich unterwegs genau orientieren zu können. Auch örtliche Radwegekarten, die es jetzt in vielen Städten und Kreisen gibt, können gut informieren.
- Wetter und vor allem Regen und Wind sind Faktoren, die eine Radtour stark beeinflussen können. Deswegen empfiehlt es sich, die Wettervorhersagen zu beachten und sich entsprechend einzustellen. Der Wind, besonders starker Gegenwind, macht dem Radfahrer zu schaffen, Rückenwind dagegen beflügelt.
- Zum Transport von Proviant, Regenbekleidung, Karten

Abb. 38: *Kinder mit Eltern beim ersten Radausflug*
(Foto: Presseinformation des Fremdenverkehrsverbandes München)

und Verbandszeug eignet sich ein Korb, der am besten durch einen Gummizug auf dem Gepäckträger verankert ist. Bei mehrtägigen Radtouren empfehlen sich Seitentaschen am Hinterrad und ein kleiner Gepäckträger für Karten und Proviant, der am Vorderrad angebracht wird.

- Bei Gruppen- und Familienfahrten stets auf den „schwächsten" Teilnehmer achten. Von Zeit zu Zeit sind „Treffpunkte" auszumachen, wenn individuelleres Fahren gewünscht wird.

Heute, nach längerer Zeit, ist das Fahrradfahren wieder „im Kommen". Die „Fahrrad-Renaissance" hat auch für die Familie ihre Vorteile: Das Fahrradfahren fördert und stabilisiert die Gesundheit, es hält fit, führt zur Verbesserung der Kondition, baut Streß ab, fordert auch zur körperlichen Anstrengung heraus, bestimmt positiv das Gesamtbefinden, vermittelt Erfolgserlebnisse, führt zum intensiveren Erlebnis der Umwelt und der Landschaft, weckt die Freude an der Natur und läßt Kultur und Menschen miteinander vertrauter werden. Es ist eine umweltfreudige Natursportart, pflegt Gemeinsamkeiten und ist eine der schönsten Freizeitaktivitäten. So gesehen, lohnt sich das Radfahren, das Radwandern immer!

Literatur:

Rösch, H.-E.: KOMPASS-Radwanderführer, „Rhein-Main-Nahe" und „Hunsrück-Pfalz-Saar", Deutscher Wanderverlag, Stuttgart 1980.

5.5 „Kunststücke“

Dabei handelt es sich um sportliche Fertigkeiten, die von allen Familienmitgliedern noch gelernt und überall praktiziert werden können, allein und gemeinsam. Vater kann dann stolz auf „seinen“ Handstand und Tante Emma auf „ihren“ Kopfstand sein. Maria freut sich, daß Oma „ihren“ Spagat bewundert, Fritz wird von allen als ein großer „Ball-Jongleur“ akzepiert, und alle sind stolz auf die gelungene „Pyramide“. Beim „Huckepack-Klettern“ gibt es kritische Zuschauer und Schiedsrichter (Oma/Opa u. a.). Frau Müller, die Nachbarin, schaut interessiert beim ‚Drehseilschwingen‘ zu und nimmt sich vor, dies mit ihrem Fritz auch einmal zu versuchen. (Vielleicht klappt es noch wie damals beim Sommerfest des Schützenvereins.)

Abb. 39

Rolle vorwärts *(Abb. 39)*
auf Teppichboden/Teppich/Rasen.

Hinweise
- beide Hände aufsetzen;
- rundmachen (durch die Beine gucken);
- mit beiden Füßen abdrücken.

Varianten
aus dem Angehen / aufstehen, ohne mit den Händen nachzuhelfen / mehrere Rollen hintereinander / Doppelrolle: Vater liegt auf dem Rücken, Sohn gebeugt über ihm, beide fassen sich an den Sprunggelenken und rollen vorwärts.

Abb. 40

Kopfstand *(Abb. 40)*
auf weicher Unterlage (Kissen/Rasen) gegen eine Wand oder mit Partnerhilfe.

Hinweise:
- Hände und Stirn bilden am Boden ein Dreieck;
- sich mit dem vorderen Fuß kräftig vom Boden abdrücken.

Varianten
Wie lange stehst du alleine? (zählen) / dabei Beine anhokken, spreizen oder grätschen.

Abb. 41

Handstand *(Abb. 41)*
auf Teppichboden, Teppich / Rasen / gegen eine Wand oder mit Partnerhilfe (festhalten / nicht hochziehen) aus der Startstellung.

Hinweise:
- mit dem vorderen Fuß sich abdrücken;
- dabei auf die Hände schauen;
- Beine strecken;
- leise landen.

Varianten
Wie lange stehst Du alleine? (zählen) / Beine anhocken, grätschen, spreizen.

Literatur:
Knirsch, K.: Gerätturnen mit Kindern, Stuttgart [2]1978.

Ball jonglieren (weicher Ball) *(Abb. 42)*
auf dem Handrücken.
Varianten
rechts und links / „Ziehharmonikajonglieren“: flach und hoch im Wechsel / von rechts nach links / Handrücken – Unterarm / Handrücken – Handwurzel.

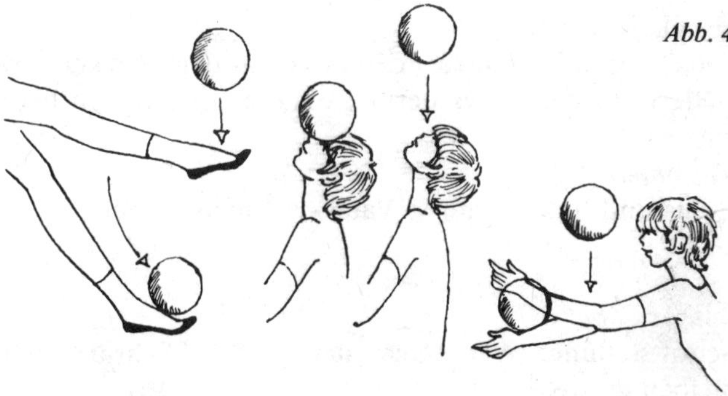
Abb. 42

Ball jonglieren (Softball)
mit dem Fußrist (Spann).
Hinweis: – Fuß strecken.
Varianten
flach – hoch / rechts – links / Fuß- – Handrücken / wie oft? (zählen).

Ball jonglieren (Softball)
mit der Stirn.
Hinweis: – unter dem Ball bleiben.
Varianten
Wie oft? (zählen) / flach – hoch / Stirn – Handrücken / Stirn – Fuß.

„Pyramide“
Aufgabe: – Es dürfen höchstens zwei Familienmitglieder („Untermänner“) am Boden bleiben.
Möglichkeiten
- „Untermänner“ liegen, knien oder stehen;
- die übrigen („Obermänner“) legen / setzen / hocken / stellen sich auf die „Untermänner“;
- die „Pyramide“ bewegt sich vorwärts oder rückwärts.

„Huckepack-Klettern“
Vater trägt die Tochter / den Sohn auf dem Rücken / wer klettert um den Vater herum, ohne den Boden zu berühren?
Varianten
rechts und links herum / Vater darf nicht helfen.

Spagat *(Abb. 43)*
Schrittstellung: Wer macht den größten Schritt? (Beine bleiben gestreckt).
Variante
aus der Seitgrätschstellung.

Abb. 43

„Drehseilspringen" *(Abb. 44)*
Sohn und Tochter drehen ein langes Seil, Vater oder Mutter sollen im Seil springen.
Varianten
- Vater und Mutter zusammen (evtl. Handfassung);
- eine festgelegte Anzahl von Sprüngen ausführen (fünf bis zehn);
- von jeder Seite einspringen;
- mehr als zwei springen.

Abb. 44

5.6 Fitness-Sport

leistet einen wesentlichen Beitrag zur Erhaltung bzw. Verbesserung der körperlichen Leistungsfähigkeit/der Kondition und damit zur Gesundheit als Grundlage familiärer Zufriedenheit. Eine gute Fitness erleichtert zudem die motorische Bewältigung des Alltages und ist der Garant für eine gemeinsame freudvolle Betätigung bei Spiel und Sport.

Im wesentlichen beinhaltet Fitness die *Allgemeine Ausdauerfähigkeit,* die *Geschicklichkeit,* die *Kraft* und die *Beweglichkeit.*

Wichtig ist, daß beim Fitness-Sport folgende Aspekte beachtet werden:

- Bei einem Allgemeinen Fitnesstraining werden diese vier Teilbereiche alle berücksichtigt, z. B.: zwei Minuten laufen/Rumpfvor- und -rückbeugen / Hampelmannsprünge / Bauchschaukel / Sit-up / Armkreisen
- Bei einem Speziellen Fitnesstraining wird ein Teilbereich stärker gewichtet, etwa die Allgemeine Ausdauerfähigkeit: zwei Minuten laufen / Rumpfvor- und -rückbeugen / zwei Minuten laufen / Hampelmannsprünge / zwei Minuten laufen / Bauchschaukel / Sit-up / zwei Minuten laufen / Armkreisen
- Das Fitnesstraining sollte – wenn eben möglich – im Freien auf weicher Unterlage (Rasen / Waldboden u. a.) durchgeführt werden (evtl. auf einem Trimm-Pfad / Trimm-Parcours).
- Beim Fitnesstraining (Ausdauer) muß sich die Atemfrequenz erhöhen, die Haut röten oder gar Schweiß ausbrechen. Es sollte mindestens fünf Minuten dauern.
- Bei Kraftübungen ist die Reihenfolge Dehnen / Kräftigen / Lockern zu beachten.
- Beim Fitnesstraining (Kraft) dürfen Halteübungen höchstens fünf Sekunden dauern.

- Geschicklichkeitsübungen sollen nicht bei zu starker Ermüdung ausgeführt werden. Die Anzahl der Wiederholungen sollte hoch sein (mindestens 30).

Nachstehend werden Möglichkeiten zur Erhaltung / Verbesserung der Fitness angegeben, die sich beim Familiensport bewährt haben.

5.6.1 AUSDAUERTRAINING

Allgemeine Ausdauerfähigkeit wird definiert als die Fähigkeit, unter Einsatz von mindestens 1/7 bis 1/6 der gesamten Skelettmuskulatur dynamische Beanspruchungen (Laufen / Schwimmen / Radfahren u. a.) möglichst lange durchzuhalten. (Hollmann)

Die Leistungshöhe des Ausdauervermögens hängt von der Kapazität des Herz-Kreislauf-Systems ebenso ab wie von der Koordination. Sie kann sich erst dann optimal ausprägen, wenn sowohl die Belastung regelmäßig erfolgt (mindestens zweimal/Woche) als auch Intensität (Erhöhung der Atemfrequenz, Schweißausbruch) und zeitlicher Umfang (mindestens fünf Minuten) beachtet werden.

Nach jeder dynamischen Dauerbelastung müssen Lokkerungs- (Schwingen, Kreisen von Rumpf und Armen) und Atemübungen (lang durch die Nase bei Rumpfrückbeugen einatmen / lang durch den Mund bei lockerem Rumpfvorbeugen ausatmen) folgen (zur Beruhigung / Entspannung / Sauerstoffversorgung / Entschlackung).

Eine gute Allgemeine Ausdauerfähigkeit ist der beste Schutz gegen Infektionskrankheiten (periphere Abhärtung) und verhindert in hohem Maße Erkrankungen des Herz-Kreislauf-Systems (große Blutdruckschwankungen: zu hoch oder zu niedrig / Disregulation der Herzfunktion / Mangeldurchblutung des Herzmuskels u. a.).

Nachstehende Aktivitätsformen eignen sich besonders für ein familienadäquates Ausdauertraining:

Laufen
Es soll auf weicher Unterlage (Feldwege / Waldboden / Sandstrand) gelaufen werden (Schonung der Gelenke).

Man kann leise (federnd, gleitend), langsam / schnell, vorwärts / rückwärts, Figuren (Schnecke, Kreis), einzeln / zu Paaren / in Ketten laufen; man kann beim Lauf die Knie heben (Skipping) oder Anfersen (Lifting).

Hinweise:
- leise, locker und entspannt laufen;
- Oberkörper aufgerichtet;
- Atemrhythmus beachten (dreimal durch die Nase einatmen / dreimal durch den Mund ausatmen).

Trainingsformen

„Wechselläufe":
Sowohl das Tempo (langsamer, schneller) als auch die „Pausengestaltung" (gehen, Gymnastik) werden variiert und kombiniert, beispielsweise:
- mindestens eine Minute laufen / eine Minute gehen, mehrmals hintereinanderschalten *(Jogging);*
- mindestens zwei Minuten laufen / Gymnastikpause (Dehnen/Lockern), zwei Minuten mit mehreren Wiederholungen *(Gymnastiklauf);*
- mindestens fünf Minuten laufen, wobei das Tempo verändert wird (langsam / schneller / schnell) sowie die natürlichen Gegebenheiten (bergauf / bergab / eben) genutzt werden *(Fahrtspiel);*
- während eines 15minütigen Laufes werden die wichtigsten Merkmale des Jogging, des Gymnastiklaufs sowie des Fahrtspiels kombiniert: laufen, gehen, Gymnastik *(Kombinationslauf).*

Dauerläufe:
Läufe in gleichbleibendem Tempo von mindestens fünf Minuten Umfang werden als Dauerläufe bezeichnet. Während des Laufens sollte eine Unterhaltung möglich sein.
Varianten
- Erhöhung des Laufumfanges (15 Minuten u. a.);
- Streckenläufe (mindestens 3000 Meter);
- Zeitläufe: eine festgelegte Strecke soll entweder in einer vorgeschriebenen Zeit (2000 m in 18 Minuten) oder möglichst schnell (Zeitnahme: 2000 m in 13:35 Minuten) durchlaufen werden.
- Teilstundenläufe: Welche Strecken werden in ¼ oder in

½ Stunde zurückgelegt? (markante Punkte als Anhalt: Anhöhe / alter Baum / Kreuzung / Wegkreuz u. a.);
- „Schattenlaufen“: es laufen immer zwei hintereinander, die sich gegenseitig aufeinander einstellen (langsam / schneller / Skipping / locker u. a.).

Reaktionslauf:
Der „Vorläufer“ macht vor, der „Nachläufer“ imitiert / reagiert (frühestens nach zwei Minuten Rollenwechsel).

Literatur:
Blödorn, M. / Schmidt, P.: Trablaufen, Hamburg 1979 (rororo-Sportbuch).

Radfahren
Vorgegebene Ziele (Ortschaften / Sehenswürdigkeiten / Trimm-Pfade / Schwimmbäder u. a.) werden zusammen in mittlerem Tempo (12–15 km/Stunde) mindestens zwanzig Minuten lang angefahren.

Hinweise
- nach Möglichkeit Radfahrwege oder wenig befahrene Straßen / Wege benutzen;
- immer hintereinander fahren (Abstand fünf bis zehn Meter), der „Schnellste“ bleibt am Ende (Übersicht, Motivation);

Trainingsformen

Tempofahren:
Erhöhung des Tempos (15–20 km/Stunde);

Zeitfahren:
eine vorgegebene Strecke (mindestens zehn Kilometer) möglichst schnell durchfahren;

Streckenfahren:
in einer vorgegebenen Zeit (mindestens zwanzig Minuten) eine möglichst große Strecke zurücklegen (Orientierung an markanten Punkten: Anhöhe / Ortsende / Bauernhof / Baumgruppe / Sägewerk u. a.);

Tempowechselfahren:
„Fahrradspiel“: Wechsel des Tempos (langsam / schneller / schnell) mindestens zwanzig Minuten lang. Einer (Sohn / Mutter / Tochter / Tante u.a.) bestimmt die Geschwindigkeit, alle anderen müssen sich anpassen;

Sprintfahren:
„Der letzte vorbei“: Der letzte fährt an den anderen - die weiterfahren - vorbei und „setzt“ sich an die Spitze, anschließend der nächste usw...

Reaktionsfahren:
„Schattenfahren“: Es fahren immer zwei hintereinander, die sich gegenseitig aufeinander einstellen (Rhythmus, Tempo, Richtungsänderungen); einer fährt vor, der andere imitiert ihn (frühestens nach fünf Minuten Rollentausch).

Literatur:
Gebhardt, Otto: Rund um das Velo, Zürich 1978.

Dauerschwimmen
Im „Unterhaltungstempo“ sollen mindestens zehn Minuten zusammen geschwommen werden.
Hinweise
- nach starken Aufregungen und üppigen Mahlzeiten nicht schwimmen (Pause eine Stunde);
- unbekannte und verschmutzte Gewässer meiden;
- bei zu starker Unterkühlung (Frieren) das Wasser verlassen.

Trainingsformen

Temposchwimmen:
Erhöhung der Schwimmgeschwindigkeit;

Zeitschwimmen:
- eine festgelegte Strecke (mindestens 300 Meter) möglichst schnell durchschwimmen;

Streckenschwimmen:
in einer vorgegebenen Zeit (mindestens zehn Minuten) eine möglichst große Strecke zurücklegen (Bahnen zählen, bis zur Mole / Landzunge / zum Felsvorsprung / ankerndes Schiff u. a.);

Tempowechselschwimmen:
„Entenspiel“: Eine „Ente“ (Tochter / Tante / Vater u. a.) bestimmt das Tempo (langsam / schnell / ausruhen [Rükken]. Alle anderen müssen sich anpassen (mindestens fünf Minuten, dann Rollenwechsel);

Schnellschwimmen:
„Der letzte vorbei“: Der letzte schwimmt schnell an den anderen – die weiter schwimmen – vorbei und übernimmt die Führung, anschließend der nächste usw.;

Reaktionsschwimmen:
„Schattenschwimmen“: Zwei schwimmen hintereinander. Der „Vorschwimmer“ bestimmt Tempo, Richtung, Wasserlage (Brust / Rücken), der „Nachschwimmer“ versucht, sich anzupassen.

5.6.2 GESCHICKLICHKEITSTRAINING

Geschickt ist derjenige, der – bei sich plötzlich veränderten Bedingungen – noch motorische Leistungen schnell und genau vollbringen kann; also auf akustische, optische und haptische Reize adäquat *reagiert; sich* an vorgegebene Realitäten sinnvoll *anpaßt* sowie die *Körperbalance* jederzeit beibehalten kann.

Das Geschicklichkeitsniveau ist abhängig von der Anpassung des peripheren Nervensystems (Geschwindigkeit der Erregungsleitung) sowie der Großhirnrinde (Speicherung von Bewegungseindrücken in den motorischen Zentren/Kontrolle der erregten Zentren durch solche mit Hemmfunktionen). Damit diese Anpassungseffekte sich stabilisieren, Ungeschicktheit / Bewegungsluxus / Mobilität abgebaut werden, sind häufige (nach Möglichkeit tägliche) Wiederholungen sowie hohe Wiederholungszahlen (30–100) des gleichen Bewegungsablaufes notwendig.

Dies ist nur bei Lösung interessanter und adäquater Geschicklichkeitsaufgaben möglich (Reduzierung von Ablenkung/Erhöhung der Konzentration).

Nach jeder „Lösungsserie“ (z.B. 30mal Ballprellen auf dem Handrücken) müssen „Entspannungsaufgaben“ (passiv: Bauch-/Rückenlage mit geschlossenen Augen oder aktiv: Lockern auf der Stelle / in der Bewegung) gelöst werden (Dauer mindestens doppelt so lange wie die Geschicklichkeitsbeanspruchung).

Ein motorisch Geschickter bewältigt die Gefahren des Alltags (Stolpern/Ausweichen im Straßenverkehr / Stürzen u.a.) souveräner. Er kommt meist ohne ernsthafte Verletzungen (Brüche, Verrenkungen, Verstauchungen) davon, weil bei ihm sowohl das Gespür für gefährliche Situationen stärker ausgepägt als auch sein Verhalten in „Gefahr für Leib und Leben“ sicherer ist.

Für ein Geschicklichkeitstraining in der Familie können folgende Aufgaben ausgewählt werden:

Sich-Anpassen

- „Schattenspiel“: Vater oder Tochter machen vor (in der Bewegung: vorwärts / rückwärts / langsam laufen, hüpfen, gehen, krabbeln u. a., auf der Stelle: Hochzehenstand / Sitz / Bauch- / Rückenlage, Einbeinstand u. a.); Mutter oder Sohn imitieren (Tante oder Opa urteilen); mit dem Ball (Softball) umgehen:
  prellen (auf der Stelle: mit Handrücken / Unterarm / Kopf / Fuß / Oberschenkel; im Gehen oder Laufen mit den Händen / mit einer Hand auf den Boden prellen / zuprellen / Onkel zur Oma u. a.);
  rollen (mit der Hand / mit dem Fuß, Zielrollen: unter Tisch u. Stuhl u. a., Zurollen im Stand, Sitz, Bauchlage);
  werfen / fangen (Vater mit Tochter u. a. / Zeckball: Sohn und Mutter werfen sich den Ball zu, Vater will ihn berühren / gegen die Wand / Zielwürfe: in einen Eimer, auf den Rücken von Mutter oder Onkel u. a.;
- „Reaktionsspiel“: Jeder hat einen Ball. Einer geht mit dem Ball um (prellen / rollen / werfen / fangen), die übrigen imitieren ihn. Hält er den Ball fest, tun dies die andern ebenfalls. Wer als letzter reagiert, bekommt einen Minuspunkt.

Körperbalance

„Gleichgewichtskampf“:

Auf der Stelle versuchen zwei, sich gegenseitig mit den Händen aus dem Gleichgewicht zu bringen.

Abb. 45

Variante

„Hahnenkampf“: (Abb. 45)
Zwei hüpfen auf einem Bein (Arme vor der Brust verschränkt) und versuchen durch Anstoßen, sich gegenseitig auf beide Füße zu zwingen.

„Schwebelage“: (Abb. 46)
Vater oder Mutter im Vierfüßlerstand (Knieliegestütz) / Tochter oder Sohn versuchen, sich gestreckt in Bauchlage quer auf Vater / Mutter zu legen.

Abb. 46

„Brett-Heben“: (Abb. 47)
Sohn / Tochter in Rückenlage, Vater / Mutter packen an den Schultern und heben die Kinder in Strecklage hoch.

Abb. 47

Hochzehenstand (völlige Körper-/Armstreckung) *(Abb. 48)*
Wer kann zehn Sekunden stehen (eventuell mit geschlossenen Augen)?

Einbeinstand
Wechsel von Körperstreckung und Bodenberührung (auch mit geschlossenen Augen);
Wer kann am längsten stehen bleiben? Wem gelingen die meisten Bodenberührungen?

Abb. 48

Wälzrolle (Abb. 49)
Bauchlage mit gestreckten Armen und Beinen;
Wer rollt in die Rückenlage (und zurück)? (Hände / Füße sollen den Boden nicht berühren, Arme / Beine müssen gestreckt bleiben);

„Karussell"
Sitz mit angehockten Beinen / mit den Händen Drehschwung nehmen.

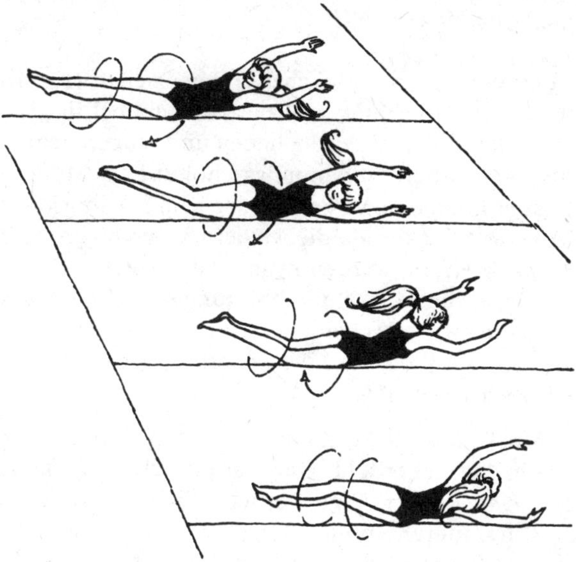

Abb. 49

Reagieren

Wer reagiert am schnellsten?

Einer ruft (stehen / setzen / legen / Einbeinstand / Hochzehenstand / Hocke u.a.), alle anderen sollen rasch entsprechend reagieren.

Dem Langsamsten wird eine Mark von seinem „Konto" (zehn Mark) abgezogen. Wer hat nach mehreren „Spielen" noch das meiste Geld auf seinem „Konto"?

Variante

- auf Bewegungsvorbild / Vormachen reagieren;
- auf Handklatsch reagieren: einmal klatschen = stehen / zweimal klatschen = setzen / dreimal klatschen = legen / viermal klatschen = Hochzehenstand.

Literatur:
Lautwein, T.: Leibesübungen, Stuttgart 1969.

5.6.3 KRAFTTRAINING

Kraft entsteht durch das Sichzusammenziehen (Kontraktion) der Muskulatur und realisiert sich einmal in „Hebelarbeit“ (beugen und strecken, heben und senken), zum andern in „Haltearbeit“ (Spannungserhöhung im Muskel).

Sie hängt in hohem Maße von der Kontraktionsleistung der Skelettmuskulatur ab, die wiederum durch gezielte Beanspruchung erhöht werden kann. Dabei spielen die Muskelfaserdicke, die Muskeldurchblutung sowie die Muskelkoordination eine entscheidende Rolle. Diese leistungsbestimmenden Größen sind veränderbar, wenn adäquate Reize gesetzt werden:

- Die Muskelfaserdicke nimmt zu, wenn sich die Spannung im Muskel erhöht. Dies wird durch *statische* Belastung/ *Haltearbeit* (hängen/drücken/halten) erreicht.
- Die Muskeldurchblutung steigt an, wenn Muskelgruppen zum Beugen und Strecken angeregt werden. Dies wird durch *dynamische* Beanspruchung (Bewegungsarbeit) bewirkt.
- Die Muskelkoordination harmonisiert sich, wenn die Muskulatur zu allen ihr möglichen Tätigkeiten möglichst oft angeregt wird (beugen/strecken/halten).

Das Kraftniveau wird außerdem noch beeinflußt von der Dehnfähigkeit des Muskelgewebes und der Sehnen sowie von der Beweglichkeit (Mobilität in den Gelenken).

Deshalb werden beim Krafttraining diese „Parameter“ mit aktiviert und verbessert.

Eine Leistungssteigerung im Bereich Kraft ist zu erwarten, wenn die wichtigsten Muskelgruppen (Schulter/Rükken/Bauch/Becken/Beine) mindestens jeden zweiten Tag über die normale Alltagsbeanspruchung hinaus sowohl statisch (fünf Sekunden anspannen / drei Wiederholungen / zwanzig Sekunden Pause) als auch dynamisch (mindestens fünf Serien mit jeweils fünf Wiederholungen / zehn Sekunden Pause) belastet werden.

Vor jeder Kräftigung (statisch oder dynamisch) müssen

die entsprechenden Muskeln gedehnt, nach der Kräftigung gelockert werden:
z. B. Kräftigung der Schultermuskeln
Vordehnung: Rumpfbeugen
Kräftigen: Hockstützen
Lockern: Armkreisen

Ein gut ausgeprägtes Muskelkorsett entlastet zudem die Gelenke (Schulter-/Wirbel-/Hüft-/Kniegelenke) und kann mit dazu beitragen, arthritische Veränderungen zu verhindern.

Eine Erhöhung des Kraftniveaus von Familien kann durch die nachstehend angegebenen Trainingsformen verwirklicht werden:

Dehnen
(entweder dynamisch → oder statisch → mindestens fünf Sekunden in der Extremstellung halten)

Rückseite
Rumpfbeugen vorwärts im Stand/Sitz mit gebeugten/gegrätschten Beinen *(Abb. 50)*.
Hinweise:
- lockeres/entspanntes Nachfedern;
- durch die gegrätschten Beine schauen.

Abb. 50

Varianten
- Grätschsitz:
  Zwei (Vater/Mutter, Tante/Sohn u.a.) sitzen sich gegenüber, fassen sich an den Händen und ziehen sich hin und her;
- „Flunder“:
  Bauchlage / Füße packen / schaukeln;
- „Beugegang“:
  Sich-Bewegen mit gefaßten Sprunggelenken (evtl. als Fünf-Meter-Lauf).

Vorderseite
Rumpfbeugen rückwärts im Stand/Seitgrätschstellung mit gestreckten Armen.

Hinweise:
- völlige Körperstreckung (Hochzehenstand); nach hinten schauen.

Abb. 51

Varianten
„Rückenschaukel“ *(Abb. 51)*
(Vater/Opa, Mutter/Tante stehen Rücken an Rücken / Arme in Hochhalte- / Handfassung / sich gegenseitig langsam hochziehen (Füße maximal 30 cm vom Boden);

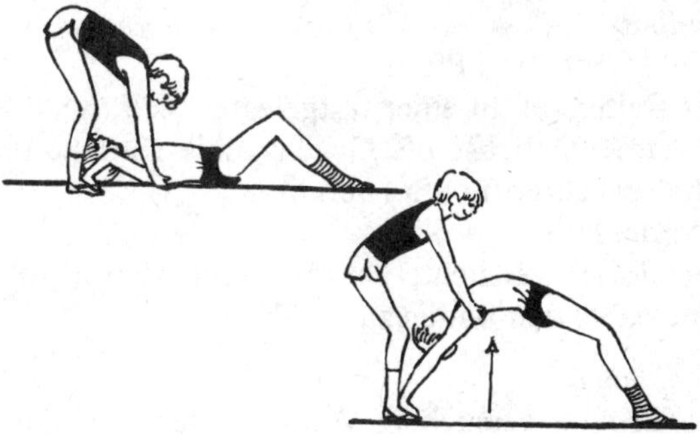

Abb. 52

Variante im Sitz
- Armrückfedern (Arme in Seithalte);
- „Brücke" *(Abb. 52)*
  (Rückenlage / hochdrücken / Füße und Hände bleiben am Boden).,

Variante
„Kopfbrücke" (Füße und Kopf bleiben am Boden).

Kräftigen (allgemein)
Es sollen viele Muskelgruppen gleichzeitig angesprochen werden.

Wälzrolle
(Bauch- / oder Rückenlage bei völliger Körperstreckung / wer „rollt" sich in die Bauch- bzw. Rückenlage, ohne daß Füße/Hände den Boden berühren?)

„Huckepack"
(Vater nimmt den Sohn / Mutter die Tochter auf den Rükken und bewegt sich mindestens zwanzig Sekunden: gehen/laufen.)

Varianten
- Spiel „Reiter und Pferd"
  Der Reiter soll in einer festgelegten Zeit (maximal eine Minute) möglichst oft Gegenstände (Stühle/Lampen/Schalter/Türgriffe u. a.) berühren;
- „Pferdeklettern"
  Der Reiter versucht, um das Pferd herumzuklettern, ohne dabei den Boden zu berühren.

„Ball abholen"
(Sohn/Tochter versuchen, Vater/Mutter den Ball zu entreißen/entwinden.)
Variante
- Stand/Sitz/Bauchlage

„Ziehkampf"
(Handfassung / sich gegenseitig wegzuziehen versuchen: Vater – Mutter, Vater – Sohn u. a.);

Klettern
(auf/über/unter Hindernisse);

Hinsetzen/Aufstehen,
ohne die Hände zu benutzen
(evtl.: Wer kann es am schnellsten?).

Kräftigen (speziell)
Es wird überwiegend (maximal 2/3) eine Muskelgruppe gezielt aktiviert.

Schultermuskulatur
Ziehen (ohne Unterstützung der Beine)
- Klimmziehen (Bauchlage auf dem Boden – „robben" / an Geräten hochziehen);
- einen anderen weiterziehen/wegdrücken (Stand/Hocke/Bauchlage);
- Tauziehen.

Stützen (Abb. 53)
- Hockstützen (Hände schulterbreit / Abdruck mit beiden

Füßen / leise landen) in der Bewegung und auf der Stelle (um die Körperachse);

- Liegestützen (Hände schulterbreit / Körperstreckung) aus der Bauch- in die Bauchlage,
  „Pumpen“ (Boden nicht berühren),
  „Stützeln“ (Füße an einem Punkt / herumstützeln);
- Handstehen (Startstellung / Hände schulterbreit / auf die Hände schauen / Abdruck mit dem vorderen Bein / leise landen), Beine angehockt / gestreckt, mit Vater/ Tochter u. a.;
- Krabbeln;
- Klettern.

Abb. 53

Rückenmuskulatur

Bauchlage / Oberkörper heben (Abb. 54)

Hinweise:

- Arme/Beine gestreckt;
- Füße am Boden lassen;
- Oberkörper / Arme vom Boden.

Varianten

- halten: schwimmen/boxen/schreiben/klatschen;
- Vater/Tochter u. a. fixieren die Füße;

Abb. 54

- Ball an die Wand werfen-fangen;
- Ball rollen/prellen/werfen-fangen;
- Ball zu Mutter/Sohn rollen oder werfen.

Bauchmuskulatur
Rückenlage/Aufsitzen (Abb. 55)
Hinweise:
- Beine gebeugt; - Füße am Boden.

Varianten
- langsames Aufsitzen/Hinlegen (drei bis fünf Sekunden jeweils);
- Ball hochwerfen / im Sitz fangen;
- Tante/Vater in Rückenlage mit Ball, der anderen nach Aufsitzen zugeworfen wird.

Abb. 55

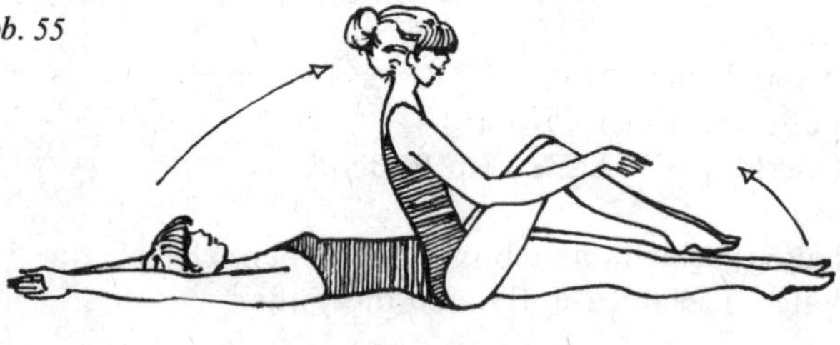

Bein-/Fußmuskulatur
Hochzehenstand (Oberkörper aufrecht / Arme hoch)
Varianten
- auf Fußinnen-/Fußaußenseite;
- in der Hocke.

Federn/Hüpfen/Springen (leise landen / Füße strecken)
Varianten
- Seilspringen;
- Hopserlauf;
- über maximal kniehohe Hindernisse „laufen";
- „Galoppieren"/Seitgalopp.

Greifen
- Gras rupfen;
- Zeitungen zerreißen;
- barfuß balancieren.

Lockern
- Schultermuskulatur: Armschwingen / Armkreisen / Arme ausschütteln (am Ort hüpfen) / Lauf mit locker herabhängenden Armen;
- Rückenmuskulatur: Bauchlage mit angewinkelten Beinen / „Holzhacken" (Rumpfvorschwingen mit gebeugten Beinen) / Rückenlage (Knie neben die Ohren);
- Bauchmuskulatur: Rumpfkreisen / Rückenlage mit gebeugten Beinen;
- Bein-/Fußmuskulatur: „Kerze" (Beine „ausschütteln" / Wechselhüpfen (dabei jeweils ein Bein „ausschütteln") / im Sitz Füße kreisen, beugen, innen- und außenkanten / Ball mit der Fußsohle rollen / Ball mit dem Fuß prellen oder jonglieren / Ball im Sitz mit den Füßen fangen.

Literatur:
Grosser, M. / Herbert, F.: Konditionsgymnastik, Celle [2]1979.

5.6.4 FITNESS-ABZEICHEN

sind für alle Familienmitglieder deshalb erstrebenswert und attraktiv, weil einmal die spielerisch sportliche Betätigung eine sichtbare Bestätigung und Anerkennung (Anstecknadel/Urkunde/Stoffabzeichen) erfährt, zum anderen damit eine Stärkung des Selbstwertgefühls/Selbstbewußtseins verbunden ist. Zudem beeinflußt eine solche gemeinsame Aktion das Wir-Bewußtsein der Familie positiv (Erwerb könnte eventuell Anlaß für ein gemeinsames Fest sein).

Folgende Auszeichnungen können erworben werden:

Trimmspirale
Es sind 100 Nachweise körperlicher Fitness (Dauerläufe/Schwimmen/Radfahren/Gymnastik/Spiele/Tanzen u. a.) zu erbringen.

Teilnehmerkarten erhält man in Sportgeschäften oder beim Deutschen Sportbund, Postfach 710171, 6000 Frankfurt 71.

Aktiv im DTB
Es müssen acht Fitness-Aufgaben (Hockwende/Schulterbrücke/Zeitlauf/Hin- und Herlauf/Ball an die Wand/Sit-up/Achterlauf/Übersteigen von Kästen) erbracht werden.

Testbögen können beim DTB (Deutscher Turnerbund), Otto-Fleck-Schneise, 6000 Frankfurt 71, angefordert werden.

DLV-Laufabzeichen
DLV-Laufabzeichen können in 3 „Klassen“ erworben werden, in denen eine festgelegte Zeitspanne in beliebigem Tempo laufend zu bewältigen ist:

Stufe 1: 15 Minuten Laufen (Silbernes „L“ auf grünem Grund)

Stufe 2: 30 Minuten Laufen (Silbernes „L“ auf orangenem Grund

Stufe 3: 60 Minuten Laufen (Goldenes „L“ auf blauem Grund)

Informationen/Abzeichen/Nadel beim DLV (Deutscher Leichtathletikverband), Rheinstraße 20a, 6100 Darmstadt.

Goldener Schuh

Innerhalb von zwölf Monaten sind folgende „Wanderungsnachweise“ zu erbringen:

100 Stunden - Bronzeabzeichen
200 Stunden - Silberabzeichen
300 Stunden - Goldabzeichen

Das Abzeichenheft ist bei der Stiftung Spazierengehen, Postfach 10, 6719 Wasenheim am Berg, erhältlich.

Sportabzeichen

Es wird eine Ausdauer- und eine Sprintleistung verlangt, eine Schnellkraftforderung (Sprung/Wurf) gestellt sowie eine Schwimmleistung (200 m / 300 m) gefordert.

Informationen/Unterlagen sind in Sportgeschäften oder bei den Sportbünden erhältlich.

Trimm-Medaillen

können bei Volkswettbewerben (Wandern/Laufen/Radfahren/Schwimmen u. a.) im Rahmen der sogenannten Trimm-Spiele des Deutschen Sportbundes „erkämpft“ werden. Die Anforderungen orientieren sich an der alltäglich-normalen Leistungsfähigkeit:

Wandern	(fünf Kilometer/Stunde);
Laufen	(fünf bis zwanzig Kilometer);
Radfahren	(zwanzig bis dreißig Kilometer ohne Sollzeit);
Schwimmen	(300 m zwischen elf und achtzehn Minuten je nach Alter/Geschlecht u. a.).

Literaturverzeichnis

Blödorn, M. / Schmitt, P.: Trablaufen, Frankfurt 1979, (rororo-Sportbuch).

Cratty, Bryant J.: Aktive Spiele und soziales Lernen, Ravensburg 1977.

Deutscher Sportbund:Er–Sie–Es, Familien treiben Sport, Frankfurt 1973/74.

Deutscher Sportbund: Sport und Spiel für Ältere, Frankfurt 1974/75.

Deutscher Sportbund: Ausdauersport als Freizeitsport, Frankfurt 1975.

Deutscher Sportbund: Broschüre zu den „Trimm-Dich"-Aktionen und „Spiel-Mit"-Aktionen, jährlich, Frankfurt (Anschrift: Otto-Fleck-Schneise 12, 6000 Frankfurt 71).

Deutscher Verband für das Skilehrwesen: Skilehrplan 4 – Nordischer Skilauf, München 1979/3.

Deutscher Verband für das Skilehrwesen: Skilehrplan 1 – Grundschule, München 1977/4.

Diem, Liselott: Bewegungsspiele mit Kindern – Körperlich und seelisch intakt durch motorische Erfahrung, Reinbek b. Hamburg 1979.

Döbler, H. u. E.: Kleine Spiele, Berlin-Ost 1978/11.

Elstner, Frank: Spiel mit – Das große Spiele-Buch des Deutschen Sportbundes für Sport, Spiel, Spaß, Dortmund 1979.

Frommlet, Wolfram u.a.: eltern spielen, kinder lernen, handbuch für spielaktionen, Reinbek b. Hamburg 1975.

Gebhardt, Otto: Rund um das Velo, Zürich 1978.

Görz, Heinz: Gesellschaftsspiele für drinnen und draußen, Niedernhausen Ts. 1975.

Grosser, M. / Herbert, F.: Konditionsgymnastik, Celle 1979/2.

Höltershinken, Dieter: Gemeinsam auf dem Spielplatz, Freiburg 1978.

Kammler, Hans: Der Pausenspielhof, Schorndorf 1978.

Knirsch, K.: Gerätturnen mit Kindern, Stuttgart 1978/2.

Krodel, E.: Schwimmfibel, Bonn 1977/3.

Lautwein, T.: Sportliches Spielen in der Grundschule, Schorndorf 1978.

Lautwein, T.: Leibesübungen, Stuttgart 1969.
Müller, Rolf / Peter, Herbert: Sport und Spiel – Anleitung für Freizeitgruppen, Düsseldorf 1975.
Müller, Norbert / Rösch Heinz-Egon / Wischmann, Berno (Hrsg.): Alter und Leistung, Hochheim a. M. 1979.
New Games Foundation: new games – die neuen Spiele, München 1979.
Nickel, Horst: Entwicklungspsychologie des Kindes- und Jugendalters, 2. Aufl., Bern – Stuttgart – Wien 1976.
Rheinland-Pfalz, Min. d. Inneren u. für Sport: Spielplatzbericht Rheinland-Pfalz, 3. Aufl., Grünstadt 1979.
Rösch, H.-E.: KOMPASS-Radwanderführer „Rhein-Main-Nahe" und „Hunsrück-Pfalz-Saar", Deutscher Wanderverlag, Stuttgart 1980.
Schweiher, Gerhard: Komm, spiel mit – In der Gruppe erprobte Spiele, Mainz – Stuttgart 1977.
Sklorz, M. / Michaelis, R.: Richtig Tischtennisspielen, München 1979.
Wilke, K.: Anfängerschwimmen, Frankfurt 1979, (rororo-Taschenbuch).
Wischmann, Berno: Sport nach 35, Berlin 1977.
Wöllzenmüller, Franz / Grünewald, B.: Ausdauertraining – Laufen, Radfahren, Skilanglauf, Schwimmen, München 1980.

FAMILIENRATGEBER IN DER HERDERBÜCHEREI

Die Familie ist dabei, wiederentdeckt zu werden. Ob es sich um politische Parteien oder kirchliche Vereinigungen, um Wissenschaftler oder um Publizisten handelt – das Familienthema ist in aller Munde. Dieser an sich begrüßenswerte Vorgang hat zugleich etwas Beängstigendes an sich, zeigt er doch an, daß es um die Familie nicht zum besten bestellt ist. Und so wenden neuerdings Psychologen viel Fleiß auf, um den Krankheitsursachen des „Patienten Familie“ auf die Spur zu kommen, lassen Politiker keine Gelegenheit aus, ihr familiengerichtetes Engagement, zumindest verbal, unter Beweis zu stellen, haben die katholischen Bischöfe in diesem Jahr ihr besonderes Augenmerk auf die Familie gerichtet.

Die Zeiten der Verherrlichung von Wohngemeinschaften und Kommunen sind vorbei. Ihre Versprechungen wurden nicht eingelöst. Auch die ehemals Unbelehrbaren müssen im nachhinein erkennen, daß es keinen überzeugenden Ersatz für diese Urzelle menschlicher Gemeinschaft gibt, daß die Versuche, der krank gewordenen Familie durch Flucht in andere Wohn- und Lebensformen zu entkommen, lediglich zur Verschärfung der Probleme führen.

Leider gibt es inzwischen viele Anzeichen dafür, und diese Fluchttendenzen gehören mit dazu, daß viele Menschen familienuntauglich geworden sind. Die selbstverständliche Sicherheit, mit der zu früheren Zeiten Familie gelebt und gestaltet wurde, ist uns abhanden gekommen. Wir müssen die Möglichkeiten und Chancen des Familienlebens erst wiederentdecken oder uns von bewährten Fachleuten die besonderen Gefahrenquellen zeigen lassen, um sie zu vermeiden.

In der Taschenbuchserie „Rund um die Familie“ zeigen praxiserfahrene Fachleute, was die Familie zusammenhält.

Der Leser wird nicht nur über die vielfältigen Möglichkeiten staunen, welche bewußt gestaltetes Familienleben bietet, sondern er wird auch von seiner Ratlosigkeit befreit sein, die ihn bei der Frage beschleicht, wie heute denn überhaupt Familie gelebt werden könne.

Die Autoren zeigen zunächst einmal, daß Familienleben-Lernen ein Prozeß ist, der ein Leben lang dauert. Darum wird der Leser, der von ihnen Patentrezepte im Sinne von „fragen Sie Frau Irene“ erwartet, enttäuscht sein. Was viel wichtiger ist als Rezepte, ist eine neue Sensibilität als Voraussetzung für diese gleichermaßen schwierige wie reizvolle, in jedem Fall aber unumgängliche Aufgabe. Die meisten gesellschaftlichen und individuellen Mißstände – ob es sich um Kriminalität, Alkoholismus, Drogenabhängigkeit, Schizophrenie oder Neurosen handelt – hängen schicksalhaft mit den familiären Hintergründen zusammen. Wer darum die Gesellschaft oder den Einzelmenschen für therapiebedürftig hält, kommt um die Sanierung der Familie nicht herum.

Es ist an der Zeit, daß wir heutigen Menschen wieder mehr Familiensinn entwickeln. Doch ist intaktes Familienleben nicht nur notwendig, sondern möglich. Alle Beiträge dieser Taschenbuchserie möchten sowohl Mut zur Familie wecken als auch durch Vermittlung konkreter Informationen, Ratschläge, Impulse und Ideen gezielte Hilfe leisten. Ziel der gesamten Taschenbuchreihe ist es, die notwendigen Voraussetzungen für geglücktes Familienleben aufzudecken. – Familie soll nicht mehr Last sein, sondern wieder Spaß machen.

Rund um die Familie

Dr. med. Josef Ströder
Unser Kind ist krank – was tun?
Band 854, 176 Seiten

Anneliese Fuchs
Ist die Familie noch zu retten?
Woran sie krankt – wie sie zu heilen ist
Vorwort von Christa Meves
Band 859, 144 Seiten

Reinhard Abeln
Wenn's mit der Schule Ärger gibt
Band 866, 144 Seiten

Hilde Sanders
Mütter in der Krise
Konflikte als Chance
Band 877, 160 Seiten

Reinhold Ruthe
Spielregeln für die Familie
30 praktische Vorschläge,
wie wir besser miteinander auskommen
Band 894, 144 Seiten

in der Herderbücherei

ELISABETH LUKAS

Auch deine Familie braucht Sinn

Logotherapeutische Hilfe in der Erziehung
Mit einem Vorwort von Joseph B. Fabry

Band Nr. 864, 224 Seiten

Was macht uns wirklich glücklich? Namhafte Fachleute meinten vor noch nicht allzu langer Zeit: der eigene Lustgewinn. „In der Psychologie geht es darum, die die Lustbefriedigung hemmenden Zwänge zu beseitigen", sagte Wilhelm Reich, einer von vielen Vertretern dieser These. Doch die Entwicklung der letzten Jahrzehnte hat gezeigt, daß eine solche „Ichbezogenheit um jeden Preis" nicht nur das geistige Niveau des Einzelindividuums reduziert, sondern vor allem die Familie zerstört. Brutale Partnerschaftskonflikte und Erziehungskatastrophen sind die unausweichlichen Folgen der egozentrierten und dem Konsumzwang ausgelieferten Glücksphilosophie unserer Tage. Die Autorin versucht Tag für Tag, in der psychologischen Praxis Ratsuchenden zu helfen, ihr Leben und ihre Familie wieder positiv zu gestalten und in der Begegnung mit dem anderen über sich selbst hinauszuwachsen. An konkreten Beispielen zeigt sie, wie Kontaktprobleme, Depressionen, Erziehungsschwierigkeiten, Ängste und Sexualnöte im gleichen Maße zurückgehen, in dem es dem einzelnen gelingt, Sinn in seinem Leben zu finden und seine Familie in diese Sinnerfüllung miteinzubeziehen.